XINGFAFENZE ZHONG DE FALI YANXI
YI MINGAN WEI SHIJIAO

刑法分则中的法理研析

——以名案为视角

焦　阳 / 编著

中国政法大学出版社

2021 · 北京

图书在版编目（CIP）数据

刑法分则中的法理研析/焦阳编著.—北京:中国政法大学出版社,2021.5
ISBN 978-7-5620-9971-0

Ⅰ.①刑… Ⅱ.①焦… Ⅲ.①刑法－分则－研究－中国 Ⅳ.①D924.304

中国版本图书馆 CIP 数据核字(2021)第 094231 号

出 版 者　中国政法大学出版社

地　　址　北京市海淀区西土城路 25 号

邮寄地址　北京 100088 信箱 8034 分箱　邮编 100088

网　　址　http://www.cuplpress.com (网络实名：中国政法大学出版社)

电　　话　010-58908586(编辑部) 58908334(邮购部)

编辑邮箱　zhengfadch@126.com

承　　印　北京中科印刷有限公司

开　　本　880mm×1230mm　1/32

印　　张　7.375

字　　数　200 千字

版　　次　2021 年 5 月第 1 版

印　　次　2021 年 5 月第 1 次印刷

定　　价　49.00 元

前言

PREFACE

写一本沉淀着社会发展的刑法案例书，一直是我的理想。

刑法的运行离不开社会，每个时代的犯罪案件，无不刻着该时代的烙印。从教五年来，我越来越感受到刑法知识的传播难点不在于理论的深度，也不在于与学生年龄的差距，而在于师生间没有共同的生活体验。面对着“95后”到现在“00后”的受众，一直觉得年轻的自己也不由自主地感叹岁月的蹉跎。也正由于这一点，导致大家对“社会一般人”的认知、情节是否“严重”这种问题的理解存在偏差。刑法是一门需要感知的学科，即便研究得再精细，其对具体问题的判断也无不渗入人类的价值。刑法不是枯燥语词的推演，而是人类历史经验的总结；刑法运行的好坏，关键在于从事刑法工作的人。欠缺对法与社会关系认知的新一代，是无法成为合格法律人的。一本由真实热点案例组成的案例书，会拉近人与法律运行的距离，让我们明白世界的复杂、价值观的多元。

这本书里有一个个曾经的“风云”人物，凝聚着改革成熟阶段经济社会发展的记忆。他们或悲或喜的经历，载入了历史，也影响着中国的法治进程。从他们所经历的事实中，我们提取争点，逐一分析论证，并尝试从更广阔的视角看待案件启示。之所以这样做，是希望在岁月的沉淀下不仅有案件的规范逻辑，更有对我们在当下社会该如何生存的引导。

在读研究生时，我曾经喜欢在法律博客等平台记录自己的所思所想，并尝试评论一些法治事件。如今，社交媒体瞬息万变，人们喜欢五花八门的阅读，静心思考的时间越来越少，长文字平台生存艰难。现在回头看那些稚嫩而真诚的文字，仍能感受到一种执着坚定的力量。对法学热点保持敏感性永远不会过时。对案件的评析能弥补短文字的限制和“以偏概全”的断章取义，能直接切中要害，详略得当，这些有助于教学研究的共同提高。

本书选取的案例时间跨度从20世纪90年代至21世纪初，这段时间不仅承载着一代法律人的成长印记，恰恰也是我国刑事法不断完善充实的时代。案件的发生与时代背景密切相关，沉浸于那个时代，才更能理解法的实际运行，感受自己的成长与法治的进步。正是基于以上考虑，本书案例的排列以案件发生的时间顺序而非刑法分则罪名的排列顺序为依据，希望带领读者走入时间隧道，感受社会进步的力量。

本书尽量使用规范的、平实的语言解读，多呈现笔者本人的思路。本书可供法学教学人员、研究人员、本专业学生阅读，也可供关心中国法治事件的读者选读。

感谢妻谷芳卿在案件事实整理部分所做的帮助，感谢中国政法大学出版社及编辑丁春晖老师对本书出版所做的努力。本书部分研究成果已在部分刊物发表，外交学院“双培计划”教改项目资助了本书的出版，在此一并感谢！

由于水平有限，本书疏漏之处在所难免，欢迎各位读者批评指正。

焦　阳

2021年1月6日于北京西城

目　录

CONTENTS

张金柱酒后撞人案

【案情介绍】

1997 年 8 月 24 日晚 9 时 40 分，原郑州市公安局二七分局局长张金柱酒后驾车，在郑州市经一路与金水路交叉口，与各自骑着自行车的苏某海和其 11 岁的儿子苏某相撞。苏某被当场撞飞，后重重地落在轿车的挡风玻璃上。张金柱驾驶轿车刹了一下车后却没有停车，而是继续前行，致使苏某从车上滚到马路上后，又被轿车后轮从身上碾过，年仅 11 岁的苏某当场死亡。而苏某海以及那辆自行车则在轿车强大的冲击下，被卡进轿车左侧的前后轮之间。轿车把苏某海和两辆自行车拖挂在车下并狂奔 1500 米，造成苏某海身受重伤。

当天夜里 12 时，张金柱被郑州市公安机关依法刑事拘留，8 月 27 日被依法逮捕。11 月 17 日，郑州市人民检察院以张金柱犯故意伤害罪和交通肇事罪，向郑州市中级人民法院提起公诉。

事故发生后，河南媒体《大河报》及时报道了此事，立即引起了社会各界的广泛关注和一致愤慨。随后，此案迅速被全国关注，央视等媒体也跟进报道，这就是轰动一时的“张金柱酒后撞人案”。

郑州市中级人民法院一审判决，被告人张金柱犯故意伤害罪，判处死刑，剥夺政治权利终身；犯交通肇事罪，判处有期徒刑3年；决定执行死刑，剥夺政治权利终身。后张金柱提起上诉。河南省高级人民法院二审审理后认为，张金柱的行为已分别构成故意伤害罪和交通肇事罪，且手段特别残忍，社会影响极坏，认罪态度不好，应依法从重处罚。原判定罪准确，量刑适当，审判程序合法，裁定驳回上诉，维持原判。1998年2月26日，张金柱被执行死刑。〔1〕

【法理分析】

省会城市、大马路、警察、酒后撞人拖拽，这些词汇汇聚到一起，呈现出的就是一副易引发社会关注的画面，而这些却实在地发生在1998年的郑州。抛开其他案外因素不谈，深夜酒后撞人，后又拖拽致人死伤，该种行为究竟该如何定性，交通肇事罪、故意伤害罪、以危险方法危害公共安全罪中间的界限为何，牵动着每位普通民众的心。

一、关于本案的定罪量刑分析

（一）关于本案的定性

交通肇事罪是危害公共安全的犯罪，是常见的交通类犯罪，属于过失致人死亡罪的特别法条。行为人以违反交通法规为前提，以造成重大交通事故导致人员死伤或重大财产损失为结果。该罪名的显著特征是行为人对危害结果的发生持过失心态，也就是说行为人对交通事故造成的他人死伤结果或者重大财产损失，因疏忽而没有预见，或者已经预见而轻信能够避免。至于行为人对违反交通法规的行为，则可以是故意心态。常见的情况有，行为人超速驾驶，撞死正常通过马路的行人；开车时玩

〔1〕 根据河南省高级人民法院刑事裁定书［1998］豫法刑二终字第17号整理。

手机，没看路，导致撞死了行人等。

故意伤害罪是侵犯公民人身健康权的犯罪，表现为故意伤害他人的身体的行为。该罪名的主观方面是故意，即行为人对于损害他人身体的行为持故意心态。故意伤害行为比较常见，任何故意殴打他人，导致他人受伤的行为都属于故意伤害行为。根据我国刑法，只有故意伤害他人，导致他人轻伤以上后果的，才以刑法论处。

以危险方法危害公共安全罪是危害公共安全罪里的“兜底”罪名，它要求行为具有与放火、决水、爆炸、投放危险物质这些行为手段与结果的“相当性”。由于危害公共安全罪具有针对不特定或多数人的侵害性，因此，以危险方法危害公共安全罪，要求行为发生的危害有向社会多数扩散的可能，否则就是侵犯个人法益的犯罪。典型的以危险方法危害公共安全罪包括驾驶汽车横冲直撞，随意撞击道路上的车辆、行人，导致无差别的人员死伤的情况。近年来一些地方发生的乘客无故抢夺公交司机方向盘的案件，由于该行为对公交车上的乘客与周边的公共交通都具有极大的危险性，因此也构成以危险方法危害公共安全罪。

以上三项罪名中，交通肇事罪、以危险方法危害公共安全罪都是危害公共安全犯罪，故意伤害罪是侵犯公民人身权利犯罪。不能把危害公共安全犯罪简单看作侵犯公民人身权利犯罪的复数集合，它们的本质区别在于因对象不同导致的侵害法益的危险不同。从法定刑看，以危险方法危害公共安全罪法定刑最重，交通肇事罪由于是过失犯罪，相对较轻。交通肇事罪有向以危险方法危害公共安全罪转化的情况，如果行为人利用醉酒的状态，在撞击一辆汽车后，继续在道路上横冲直撞，随意连续撞击车辆、行人，导致多人死伤，那么行为人就从触犯交通肇事罪转化为了触犯以危险方法危害公共安全罪。单独的“醉驾”行为已经入刑，构成危险驾驶罪，也属于危害公共安全类犯罪，但在案发的年代，我国还没有这个罪名，我们只能适用行为时的刑法。由此可以看出，以上几个罪名之间可能存在相互转化的关系，其中交通肇事罪是交通领域的基础性罪名。

本案中，被告人张金柱的行为分为两个阶段，第一个阶段为驾车逆行撞上苏某，也就是那个孩子；第二个阶段为之后继续行驶，挂着被撞伤的苏某的父亲苏某海及两辆自行车并拖着苏某海行驶 1500 米远。最后导致的后果是苏某死亡，苏某海重伤。

被告人张金柱当时是否醉酒，没有明确的测试结果，也就是没有准确的数值。在当时的环境下，未及时进行酒精含量测试是常态，这也是时代技术的局限性导致的。但张金柱当天晚上参加完饮酒聚餐，又驾驶汽车返回这一行为严重违反了交通运输法规，肯定是酒后驾驶，这样构成“交通肇事罪”的前提是符合的。

第一个阶段中，张金柱逆行撞人，事后鉴定被撞者当时已死，即该行为整体被评价为违规置人于死地的行为，构成一个完整的交通肇事罪。在客体上，张金柱的行为侵犯了正常的交通管理秩序及公共安全；客观方面，张金柱违反交通法规，因而导致了一人死亡的行为后果，从结果看已达到犯罪程度；主体上，张金柱当时是机动车驾驶人，符合该罪的主体要件；主观方面，张金柱当时处于意识不清醒状态，对于撞死人的结果是过失心态。因此，张金柱构成交通肇事罪。根据司法解释，交通肇事罪中所指的“发生重大事故”包括死亡 1 人或者重伤 3 人以上，负事故全部或者主要责任的情况。本案中由于人是当场撞死的，而不是肇事逃逸导致的死亡，因此属于死亡 1 人的情况，构成基本的交通肇事罪。根据《刑法》[1]规定，违反交通运输管理法规，因而发生重大事故，致人重伤、死亡或者使公私财产遭受重大损失的，处3年以下有期徒刑或者拘役。张金柱在这一阶段的行为应当在3年以下有期徒刑或者拘役这个量刑档量刑。

第二个阶段中，张金柱继续行驶，把苏某海挂在两轮间行进了1500米，最后停下。由于事发时周边人员众多，又在城市主要交通道路上，所以这个过程尤显残忍，影响恶劣。经鉴定，苏某海的伤情达到重伤程度。从刑法角度看，客观上张金柱实施的行驶行为导致苏某海受重伤，主观上行为人是故意还是过失呢？这直接影响到行为的定性。由于其系饮酒后驾驶，当时的状况下，无法判断张金柱是否知晓车下有人。只能结合行为时的全部情况，以行为人为基础，对当时的情形进行事后判断。交通肇事后，行为人希望尽快逃离现场，对现场情况及接下来会造成的后果不管不顾，符合其当时心态。本案中，张金柱在撞死一人后，继续行驶，导致挂在他车下的另一被害人重伤。在酒后驾驶过程中，不知道车下有人实际上是完全可能的。但是，根据当时的情况，夏日夜晚，路上车流量大、人多，他遇到其他车辆知道避让，在最后被出租车司机和市民拦截时，也知道停下来，可以看出他对自己的行为是有认识能力的。饮酒会导致行为人控制能力的减弱，但从整体上看，张金柱当时应该是认知到了车下有人，建立在此认知之上的驾驶行为也是能控制的。事实上的意志能力减弱不代表刑法上没有责任能力，刑法上规定“醉酒的人犯罪，应当负刑事责任”，“原因自由行为”理论更能为此情况做出解释。

---

〔1〕《刑法》，即《中华人民共和国刑法》，为表述方便，本书中涉及的我国法律直接使用简称，省去“中华人民共和国”字样，全书统一，不再赘述。

在交通肇事后明知被害人受伤，仍然驾车挂带被车钩住的被害人逃跑，致使被害人死亡的，应另定故意伤害（致人死亡）罪。之所以要另定，是因为前面的交通肇事行为已经结束，行为人还继续驾车行驶，就是不想被追究，对任何阻拦都放任不管，只顾逃跑，所以是又新起犯意，构成新的犯罪。

关于酒后驾车行为，当时的刑法并没有专门的危险驾驶罪。刑法总则明确规定，醉酒的人犯罪，应当负刑事责任。这是因为，醉酒时行为人或许处于意志控制能力减弱的状态，但行为人是否饮酒是其可以自己决定的。

刑法中有原因自由行为理论，它是指有责任能力的行为人，陷入了无责任能力的状态，但行为人对陷入这种状态原本可以自由决定，并在这种状态下实施了符合构成要件的行为。原因自由行为理论的提出是为了解释“行为与责任同在原则”的问题。对行为人归责，要求行为人的客观行为是在个人意志支配下进行的，行为人即便在醉酒后的行为当时处于意识模糊的状态，但这种状态是行为人自己设定的，且设定时行为人完全清醒，意志完全。行为人自己决定进入这样的状态，并在此状态下进行犯罪，那么完整看待这一行为，认为行为与责任仍然同在，符合法理和现实。原因自由行为理论使那种刻意让自己陷入无意识状态并进行犯罪的行为人无法得到规避，具有积极意义。

回归本案，张金柱曾辩解道，开车前饮酒，开车后酒劲发作，加之多日在医院护理父亲十分疲劳，从而导致血压升高，心脏病突发，一瞬间眼前一片漆黑，在这种神志不清的状态下造成交通肇事，不存在故意伤害的情况。但当时被害方代理人认为，张金柱具有 33 年驾龄，且轿车底盘很低，车下拖拉着人和自行车，说一点不知道显属狡辩，为逃逸放任损害后果（苏某海重伤）的发生，是典型的间接故意犯罪。这两种针锋相对的说法中，显然被害方的说法更符合通常情况。行为人的主观心态只能以事后查明的事实为基础，结合行为人的情况和社会一般人的认知来推断，只有辩方有证据能推翻上述推断，才以辩方的辩词为准。张金柱本人驾龄长，撞人之后的表现证明其对所发生的事故有一定认知，且饮酒后不应开车他作为警察更应知情，所以他说自己撞人时无意识是得不到认可的。间接故意与过失心态的最大差异在于行为人对危害结果的态度，构成过失要求行为人对危害结果的发生持明显反对态度，本案看不出其因反对而采取的任何措施。至于他提到的自己驾车时心脏病突发，由于没有相关证据证明，法庭无法采信他的辩解。

法律的定性看重的是行为人的规范责任，而非事实责任。结合上述分析，从法律规范角度看，张金柱当时的行为是可谴责的，具有责任。犯罪故意是行为的主观方面，有两种类型，直接故意和间接故意。直接故意是指，行为人明知自己的行为会造成危害社会的结果，并且希望这种结果发生的心理状态。间接故意是指，行为人明知自己的行为可能造成危害社会的结果，并且放任这种结果发生的心理状态。间接故意是故意的“底线”。两种故意类型的共同特征是，行为人都明知自己的行为可能导致危害社会的结果。明知，是对行为及结果的知晓，是行为人对其认识能力的控制。张金柱在当时撞死一人后，还继续行驶，拖挂他人，可以推定其对可能发生危害社会的后果是“明知”的，对造成的任何后果都抱有放任心态。间接故意中的放任有以下几种情况：行为人在追求某一非犯罪目的的同时，放任其行为可能引起的某一危害结果发生；行为人在追求某一犯罪目的的同时，放任其行为可能引起的另一个危害结果发生；在某些突发性犯罪中，行为人临时起意，不计后果，放任严重后果的发生。[1]本案中，被告人张金柱的行为属于第一种情况，即为了赶快赶路这一非犯罪目的，而放任了驾车带着伤者逃离致被害人受伤这一危害结果的发生。

综合来看，后面的第二阶段行为，行为人持故意心态，整个行为是故意伤害行为。之所以不定性为故意杀人，是因为从行为客观表现看，张金柱酒后就是想驾驶机动车逃离，主要目的就是驾驶，并不想置无辜的路人于死地。高度的故意需要另行证明，他没有杀人的故意。对于间接故意支配下的犯罪，应当以行为结果定性，因为行为人放任各种结果，那么事实上发生了什么结果都在其控制范围之内。被害人构成重伤，则被告人的行为就是故意伤害行为。故对张金柱应当以交通肇事罪与故意伤害罪两罪并罚论处。

（二）关于本案的量刑

交通肇事罪的法定刑一共有三档，所规制的情节分别是基础的交通肇事罪、交通肇事逃逸、逃逸致人死亡。张金柱第一阶段的行为构成交通肇事罪，之后又逃逸，但不构成逃逸致人死亡，应当适用第二档法定刑。这是因为，交通肇事后逃逸的前提是行为人构成交通肇事罪。交通肇事罪以发生交通违规事项为前提，酒后驾驶当然属于严重违规行为。“逃逸致人死亡”，主流观点指的是行为人交通肇事逃逸后，使得原本被撞的被害人因得不到及时救助而死亡，逃逸行为与原被害人死亡间有因果关系。张金柱当时将骑自行车的苏某当场撞死，不是逃逸行为导致的其死亡，所以应适用“交通肇事逃逸”这档法定刑。

第二阶段的行为是故意伤害行为，未导致他人死亡的后果。按照罚当其罪的原则，不应当判处死刑。虽然故意伤害罪的法

---

〔1〕《刑法学》编写组：《刑法学》（上册·总论），高等教育出版社 2019 年版，第 171~172 页。

定刑最高有死刑，但是从慎重适用、限制适用死刑的政策出发，对未致他人死亡的故意伤害行为若判处死刑，则属于死刑的过度适用，会导致罪刑不相称。至于本案被告人的身份是警察，“知法犯法”，当时民愤极大，围观群众极为愤怒等因素，都不是其应当被判处死刑的理由。因为行为人的身份、民愤等，不属于故意伤害罪必备的构成要件要素，不影响行为、结果的不法性。

对张金柱以上两个阶段的行为数罪并罚，应依据限制加重原则或吸收原则，最高对其可适用无期徒刑，而不应当判决执行死刑。不能在数罪并罚最后执行的刑罚里，拔高原先不存在的刑种。

更何况，如果按照对“逃逸致人死亡”的解释，包括逃逸过程中二次肇事致人死亡的情况，则行为人第二阶段拖挂苏某海行驶的行为可以为交通肇事罪所包含，不实施数罪并罚。既然逃逸过程中，再次肇事撞死人仍然可以定一个交通肇事罪，作为加重处罚结果处理，那么“举重以明轻”，逃逸过程中撞伤人的，更属于一个交通肇事罪，可统一定一罪论处。即在“七年以上有期徒刑”的幅度内量刑。根据这种观点，被告人张金柱的整体酒后驾驶行为被评价为一个行为，只能以一个交通肇事罪论处，只不过适用相对更重的法定刑。

本案在现实中的定罪与本文上述分析一致，但量刑上张金柱最后被判处了死刑立即执行。本案的实际情况是，被告人张金柱因交通肇事罪被判处 3 年有期徒刑，因故意伤害罪直接被判处死刑，最后决定执行死刑。综合来看，死刑判罚有与社会情绪相挂钩，理性缺失的嫌疑，不能说不叫人遗憾。

二、关于本案引发的对舆论审判的讨论

本案发生在 20 世纪 90 年代末，当时我国各地治安形势比较

严峻，侵害民众利益的案件多发。那时的资讯还没有现在这样发达，大家的情绪容易被个案点燃，通过舆论宣泄，成为全民事件。张金柱酒后撞人案由于涉及警民关系、“恶警”问题，当事人成了“人人喊打”的对象。民众的怒火被舆论点燃，在尚未进入网络社会的当时，该事件足以成为第一热点。从地方媒体到中央媒体，连篇的报道造成司法机关还未审判就要面对民愤极高的局面。

张金柱被一审、二审法院都判处死刑立即执行，本案从案发到最后执行效率很高，似乎一切都是理所当然的。事后看，本案的情节是否不足以判处死刑立即执行，媒体在案件中是否起到了推波助澜的非理性作用，都值得深思。抛开媒体与张金柱的个人恩怨不谈，需要关注的是，媒体为案件直接定性，渲染被害方凄惨的遭遇，博得民众的同情，民众进而都希望被告人死，这到底是不是舆论审判？换句话说，是不是因为舆论过于关注本案，导致舆论影响了审判的应有结果。

我国《宪法》和《刑事诉讼法》都规定，人民法院依照法律规定独立行使审判权，人民检察院依照法律规定独立行使检察权，不受行政机关、社会团体和个人的干涉。也就是说，法院审判的依据是法律，不包括媒体的立场、民众的观点。舆论的监督权要保障，但不能以舆论的观感直接为一个案件定性。法院作为最终的裁判机关，要明确自己的位置，依据罪刑法定要求，严格按照刑法的规定，以客观和主观相结合的犯罪构成为案件定性。司法机关能否“依法独立”行使其职权，关键还在自己。

媒体的声音对于监督司法机关，促进实现正义效果都有积极作用。媒体监督具有传播广泛、影响大、追踪到底等特点，特别在当下的网络时代，事件一旦被媒体曝光，找到“实锤”、获得回应、最终得到结果的可能性都比默默无闻的可能性大。于是，媒体追踪发声成了很多案件得以解决的突破口，一些当事人也希望借助媒体的力量。处理好媒体与司法的关系，使其在各自权力范畴内行事，才是双方都应该思考的方式。司法要善待媒体，更要谨慎对待媒体的各种声音，毕竟，司法具有专业性，案情事实只有司法机关掌握得最全面。

张金柱酒后撞人案已经过去了二十多年，但针对该案的思考却仍在持续。希望未来对于引发社会关注的重大刑事案件，司法机关能多一份克制，更谨慎、更细致。毕竟，对法规范的维护才是最重要的。

【法条链接】

《刑法》

第六十九条 判决宣告以前一人犯数罪的，除判处死刑和无期徒刑的以外，应当在总和刑期以下、数刑中最高刑期以上，酌情决定执行的刑期，但是管制最高不能超过三年，拘役最高不能超过一年，有期徒刑总和刑期不满三十五年的，最高不能超过二十年，总和刑期在三十五年以上的，最高不能超过二十五年。

数罪中有判处有期徒刑和拘役的，执行有期徒刑。数罪中有判处有期徒刑和管制，或者拘役和管制的，有期徒刑、拘役执行完毕后，管制仍须执行。

数罪中有判处附加刑的，附加刑仍须执行，其中附加刑种类相同的，合并执行，种类不同的，分别执行。

第二百三十二条 故意杀人的，处死刑、无期徒刑或者十年以上有期徒刑；情节较轻的，处三年以上十年以下有期徒刑。

第一百三十三条 违反交通运输管理法规，因而发生重大事故，致人重伤、死亡或者使公私财产遭受重大损失的，处三年以下有期徒刑或者拘役；交通运输肇事后逃逸或者有其他特别恶劣情节的，处三年以上七年以下有期徒刑；因逃逸致人死亡的，处七年以上有期徒刑。

第二百三十四条 故意伤害他人身体的，处三年以下有期徒刑、拘役或者管制。

犯前款罪，致人重伤的，处三年以上十年以下有期徒刑；致人死亡或者以特别残忍手段致人重伤造成严重残疾的，处十年以上有期徒刑、无期徒刑或者死刑。本法另有规定的，依照规定。

《刑事诉讼法》

第五条 人民法院依照法律规定独立行使审判权，人民检察院依照法律规定独立行使检察权，不受行政机关、社会团体和个人的干涉。

第十二条 未经人民法院依法判决，对任何人都不得确定有罪。

李长河雇凶杀人案

【案情介绍】

自1993年至1999年初，李长河在担任中共平顶山市委副秘书长兼办公室主任、舞钢市委书记和平顶山市委常委、政法委书记期间，利用干部推荐、提拔、调整、调动等机会，在其家、办公室、平顶山饭店等地，先后17次非法收受他人贿赂共计13.8万元。

李长河在担任舞钢市委书记期间，因对吕某一举报自己的违法违纪问题心怀不满，而对吕某一实施报复。1996年6月，在李长河的直接干预下，吕某一被逮捕，1997年4月被以贪污罪判处有期徒刑1年。1997年6月，吕某一刑满释放后提出申诉，并继续举报李长河的问题。

1998年5月，李长河担心吕某一的举报会影响自己升任平顶山市委常委、政法委书记，就与鲁某民商定，找人“收拾”吕某一。1999年5月12日，河南省高级人民法院依法撤销了对吕某一的判决、裁定，宣告其无罪。5月31日，吕某一给李长河写信，表示要把舞钢市的贪污问题揭发出来。李长河与鲁某民再次策划报复吕某一，商定由鲁某民雇人砍折吕某一的胳膊或腿。鲁某民找来被告人田某民，让其雇凶手报复吕某一，并给田某民5000元现金。田某民以吕某一欠自己的钱不还为借口出钱让刘某兴、依某宏二人买两把刀，指使二人最好把吕某一的胳膊或腿砍残废，狠狠“收拾”吕某一，在田某民查找吕某一家庭住址的过程中，李长河通过鲁某民将吕某一的家庭住址转告给田某民。6月15日至17日，田某民、刘某兴、依某宏三次前往吕家，因吕家无人而行凶未能得逞。

1999年6月18日，田某民、刘某兴、依某宏乘坐刘某国（另案处理）驾驶的出租车，再次买刀两把，于22时许窜到舞钢市计生委家属院。此时，鲁某民在电话中催促田某民说：“要狠狠收拾他，把活做得利落一点。”田某民随即催促刘某兴和依某宏：“要弄快点弄”“下手重了就重了”。23时许，刘某兴、依某宏来到五楼吕某一家门前，踩坏家门闯入室内，刘某兴首先砍吕某一头部两刀，又刺其左胸部一刀。吕某一和妻子钟某琴与刘某兴展开搏斗，将刘某兴压倒在地。此时，依某宏从吕、钟两人身后连续猛刺数刀，将两人刺倒在地。刘某兴、依某宏逃离现场，伙同田某民乘坐刘某国所驾出租车逃走。

吕某一、钟某琴当夜被送往医院，钟某琴经抢救无效死亡，吕某一受重伤，后经抢救脱险。〔1〕

【法理分析】

雇凶杀人、伤人，不只是影视作品里的情节，也是司法实践中多发的案例。从引起社会关注的雇凶类案件看，雇凶者有高官、富翁，也有普通市民，被雇者往往是社会无业人员、刑满释放人员，也有体制内工作人员。可见，雇凶杀人案件的参与者不限于某类人，因事激发进而怀恨报复、雇凶伤害，并不因人而异。对于这类案件，司法实务处理较严，也是死刑适用

〔1〕 赵晓军：“钢城血案的幕后——平顶山市原政法委书记李长河雇凶手伤人案纪实”，载《中国监察》2000年第10期。根据该文整理。

的“大户”。这类案件面临的疑难问题有，如何确立雇主与被雇者各自的刑事责任、实行过限的问题、死刑适用问题等，对这些问题进行专门分析，有助于对该类案件的整体解决。

一、雇凶杀人案件各参与者的刑事责任

我国刑事立法将共同犯罪人分为主犯、从犯、胁从犯、教唆犯四类，该分类混合了作用分类法与分工分类法。在对多人参与的犯罪行为定性时，应关注共同犯罪人的分工分类法。在纯粹的雇凶杀人案件中，雇主一般成立故意杀人罪的教唆犯，被雇者成立故意杀人罪的实行犯（正犯）。在对共同犯罪的判断中，应该先判断正犯，再判断共犯。从客观的法益侵害角度看，实行犯直接导致他人生命法益被损害结果的发生，教唆犯通过他人实现法益侵害的结果，他们的表现方式不同。教唆犯引起的犯意，主观恶性重，但很难说其客观侵害比正犯重。我国传统上形成的“造恶者为首”的理念，是建构在犯意发起者引起了整个犯罪，是整个犯罪的“肇始”这一思想基础上的，其实是主观主义刑法观的反映。现代刑法判断还是应当坚持客观优先，以实际造成的法益侵害为基础。

主犯、从犯属于对共同犯罪人基于作用分类法的分类。参与犯罪的各行为人发挥的作用大小会直接影响到量刑结果，这属于刑事责任的确定过程而非定性过程。从作用分类法看，教唆者一般都是主犯，实行犯则要根据其犯罪参与程度，确定主从。对于“中间商”，如果只是负责传递信息的，可以从犯论处。

在雇凶杀人犯罪当中，雇主与被雇者之间形成一种共同犯罪关系。实践争议问题除了上述对主从犯的划分外，还有实行过限的问题，也就是共同犯罪的范围问题。经常出现的是，雇主要求伤害被害人，而被雇者却实施了导致被害人死亡的行为，

这时的定性就成了难点。更何况，雇主雇凶的目的未明确，内容笼统，那最后的危害结果是否都能归责于雇主，则更成为问题。

一般来说，在雇凶类案件中雇主与被雇者构成相同的犯罪，因为在客观上被雇者是实行行为人，实行了具体的犯罪，雇主是教唆者、组织者，他们的行为内容是一致的。根据共犯从属性理论，雇主（共犯）的构成要件阶层从属于被雇者（正犯）。判断时，先以正犯的行为违法性为基准，再判断共犯。如果雇主是无行为能力人、不满 14 周岁的未成年人，则其最终无罪，因为责任是个别的，在责任阶层不存在从属性。

如果正犯实行的行为明显超出雇主的要求，通过语言、书证等各种材料可以判断的，则对正犯以实行行为的性质单独定罪，雇主则仍按教唆的犯罪定罪。行为共同说认为，二人以上通过共同行为以实现各自企图的犯罪人，就是共同犯罪。它主张，二人以上的行为人是否构成共同犯罪，应以自然行为本身是否共同而论。雇主与被雇者行为方向一致，以不同方式实施共同的行为，则构成违法层面的共同犯罪关系，最后罪名不同是个人归责的问题。

在雇凶伤人类案件中，“教训”“修理”等语言一般情况下是指殴打、故意伤害，而在黑社会性质组织犯罪案件中，根据“黑话”，“干掉”“做掉”等语言一般是指故意杀人，这是根据生活用语总结出来的规范含义。但是，“教训”一词内容模糊，教训的范围有多大？它是否能包括重伤、死亡的后果呢？由于用语的模糊性、案件定性的谨慎性，在实践中，要根据案件的具体情况综合判断。有的案件中，行为人在雇佣他人教训被害人时，还会作出一定限定，如“不要把人弄死”“不要太狠了”，如果该种限制明确，按照社会一般人理解属于明确排除致人死亡后果的，则认为“教训”的范围不包括杀人。至于重伤，则要结合雇主要求的目的进行判断，雇主是想阻止他人阻碍自己，还是希望报仇或致他人于死地，目的不同，呈现出的教唆范围就不同。

雇主对被雇人的指示有好几种情况：第一种是明确授意的情况。该种情况指雇主的授意十分明确、具体，对犯罪的具体对象、手段、时机等都有明确的意思表示。第二种是概括授意的情况，该种情况指雇主的授意不明确，只是对实施犯罪的行为有约定，但对具体的侵害对象、结果等内容则不明确。如在司法实践中常见“收拾”“摆平”“教训”“整整”“修理”等词语，这些词语语义模糊，可能会产生分歧。[1]对具体案件要根据雇主的指示和实际情况具体判断。

还可能存在的情况是，雇主表达了犯罪的意图，自己也直接参与了后续的具体犯罪行为。有的雇主不仅明确教唆犯罪，而且参与组织、策划犯罪行为，自己参与实施，这种情况下雇主就应以实行犯对待，而且是主犯。对其实行行为的认定吸收了其教唆行为。

本案中，被告人李长河作为雇主，是整个案件的发起者，他也是矛盾纠纷的当事人，事件由他而起。他雇佣的人却不止一个，中间经过了“转包”传递，信息存在不确切之嫌。最后导致的结果是吕某一的妻子死亡，吕某一重伤，也就是一死一伤的后果。

案件的经过是，李长河找来鲁某民，策划报复吕某一，李长河让鲁某民找人“收拾”吕某一，“打折其一条胳膊腿”。这一部分表明，李长河的确是案件的直接策划人，而鲁某民作为中间人，再负责具体找人。“收拾”等语言表态，表明李长河的

〔1〕 参见赵秉志等：《刑事大案要案中的法理智慧》，中国法制出版社 2011 年版，第 69~70 页。

目的是阻止吕某一告发，让吕某一“尝苦头”，并没有直接致人死亡的目的，其为了阻止别人的告发行动而要伤害、吓唬被害人。之后，鲁某民找到田某民，田某民又找到刘某兴和依某宏，说吕某一欠其钱不还，让他们二人帮忙打吕某一一顿，他们二人都同意了。可见，中间经历了多次转包，无论是李长河还是田某民，都没有准备亲自实施伤害行为。之后正式行动时，田某民、刘某兴和依某宏一起到的现场，田某民还催促了刘某兴和依某宏：“要弄快点弄”“下手重了就重了”。最后，刘某兴、依某宏二人进入吕某一家中，实施刺杀行为，将两人刺倒在地。刘某兴、依某宏逃离现场，伙同田某民乘出租车逃走。在这个实行阶段，中间人田某民负责督促监督行动，刘某兴、依某宏具体实行了伤害行为，导致一死一伤的后果。

从以上案情可以看出，刘某兴和依某宏两人是实行犯（正犯），在客观上，该结果应归于这二人。中间“传话”的是鲁某民和田某民，他们是中间人；李长河是整个案件的组织策划者，都不是正犯。从正犯的行为看，他们下手狠，没有分寸，为了完成任务丝毫不顾后果，意志坚决，应当承担主犯的责任；中间人鲁某民是李长河的教唆对象，有伤害的故意，又是后续活动的教唆人；田某民是被鲁某民教唆的，又是现场直接下命令的人。田某民的教唆内容出现了“分叉”和扩展，已与李长河最初的要求内容不一致。从案情事实看，鲁某民是非实行人，其违法性程度应低于两个正犯；田某民的教唆内容已包含概括的杀人故意，主观恶性更重，但违法性程度也不如实行犯。

从作用上看，实行犯直接造成了结果，主观上有自由意志，可选择，因此也就是主犯。本案中，刘某兴和依某宏是主犯；李长河和鲁某民离实行行为较远，有故意伤害罪的教唆故意，可考虑从犯；而田某民有故意杀人的教唆行为，可考虑从犯。

当然，案发时，根据历史传统和办案惯性，把所有雇凶的行为人和实行者都当成主犯，也符合当时的形势。但是，对各行为人的故意内容未作出区分，不得不说是个遗憾。

二、雇凶杀人伤人案件的死刑适用问题

雇凶杀人伤人属于社会危害性极大、社会影响极坏的犯罪类型，在其对被害人造成不可逆的损害，给被害人家属带来伤痛的同时，还会引发社会紧张，破坏稳定的社会关系，所以，我国历来对雇凶类案件采取从严处理的立场。死刑常见于对雇凶杀人案件的适用，该类案件可以说是死刑适用的“大户”。

在雇凶杀人案件中，如果被害人死亡，且只有一人，但是参与整起案件的人众多，则应选择判处承担最主要责任的行为人死刑，若对所有参与人都判处死刑，则属于死刑的超量适用。这是因为，有被害人死亡就一定适用死刑，本就属于“唯结果论”的司法惯性，欠缺理性的论证；生命权本就不可进行数量上的比较，即便按照传统的“等量报应”“杀人偿命”观，也不应对所有被告人都判处死刑立即执行。在我国保留死刑的当下，限制死刑适用已成为共识，那么在这类案件中，超量适用死刑则与该方向不符，更是对人权的不尊重。此外，判处雇凶者和多个被雇佣人死刑，未能进一步区分不同犯罪人在共同犯罪中的不同作用，也会导致不同责任同罚，违背实质公平原则。

那么，对于雇主是一个，被雇者是多人，而且经过“多次转包”的情况，如何确定死刑的适用？死刑的适用标准是“罪行极其严重”，即行为的客观危害极其严重、行为人的人身危险性极大、行为人的主观恶性极其严重，这三部分又通过比较分析得出。“极其严重”表明性质达到的程度最高。在实际案件中，应当综合比较这三部分，对三部分都达到程度最高的再考

虑适用死刑。

客观危害极其严重侧重于行为的客观面，一般故意杀人的实行者、具体实施者客观危害严重，特别是对于直接实施杀人行为的、手段残忍的行为人，能表现出客观危害性。人身危险性应通过情节的严重程度、行为人是否再犯、有无前科等综合判断，它进而反映出行为人的可改造性。行为人的主观恶性主要通过行为是否经过谋划、怎样决定这些方面反映，客观是主观的征表，在判断时仍主要从外在行为实施的手段、坚决度等进行判断。

综合以上分析，对于雇凶杀人案件，如果被害人是一个且被杀死，则可考虑在被雇佣的主要实行者中选择最主要的一个适用死刑。对于实行者只有一个的，可优先选择实行行为人；对于实行者有多人的，应当选择主要实行者，即客观上直接导致他人死亡的行为人。这符合客观的法益侵害原则。

尽量不对雇主适用死刑。虽然雇主是案件的谋划者，但其与最后死亡结果的关联更多地呈现在主观上，客观的结果仍然是被雇者造成的，且被雇者作为理智的成年人，是具有自由意识的，对于侵犯他人生命这样的重大法益，被雇者如此“任意”，雇主的责任就不占全部。更何况，雇主之所以要雇他人来执行杀人伤害行为，是因为其面对现实的死伤时有退缩的表现，恰恰说明其人身危险性未达到最高，如果一味对雇主适用死刑，无疑不是主观主义的体现。

本案涉及的可能有故意伤害罪。故意伤害罪，在我国刑法中有三个量刑档次。基本档为“三年以下有期徒刑、拘役或者管制”，“致人重伤的，处三年以上十年以下有期徒刑”；“致人死亡或者以特别残忍手段致人重伤造成严重残疾的，处十年以上有期徒刑、无期徒刑或者死刑”。也就是说，对该类案件要判处死刑，必须造成他人死亡或者以特别残忍手段致人重伤造成严重残疾的后果。

在“李长河雇凶杀人案”中，李长河教唆他人实施伤害行为，目的是阻止他人继续上告，这是明确的。在“转包”实行过程中，实际结果扩大化了，造成了被害人吕某一妻子死亡、吕某一重伤的严重后果。在伤害故意的支配下实施的是伤害行为，又导致了死亡结果，则实行行为人要承担故意伤害（致人死亡）罪的刑事责任，即便认为李长河和中间人要对吕妻死亡结果负责，他们的罪名也是故意伤害罪，无法证明他们直接有置人于死地的故意。

根据上述法律规定，“致人死亡或者以特别残忍手段致人重伤造成严重残疾的”，适用最重的那档法定刑，这档有死刑。但这不能说明，对所有被告人都适用死刑是合理的。因为，第一，在适用刑罚时，一般在本档法定刑内从低到高选择适用，应从十年以上有期徒刑开始量刑。对参与犯罪不同的犯罪人，分别适用不同的法定刑。在量刑时，还要进行类似案件的比较，体现罪刑均衡。第二，我国的死刑包括死刑立即执行和死刑缓期二年执行，二者整体的适用标准是一致的，排除对一个人的死刑适用也意味着对其不能适用死刑缓期二年执行。第三，死刑适用有明确的标准，应当严格按照死刑适用的条件，综合分析案情达到了各方面极其严重的程度，再适用死刑。第四，本案中李长河存在不少从宽处罚情节，量刑时应综合权衡从重情节与从轻情节。李长河在归案后和庭审中，对其所犯的故意伤害罪认罪、悔罪，并表示愿意赔偿被害人的经济损失；李长河检举揭发他人犯罪 11 起，其中有 3 起被查证属实，属于立功。立功属于法定的可以从宽处罚的情节，认罪悔罪等表明行为人的人身危险性降低，这些情节在涉及死刑案件时尤其应当重点考量。

本案最后的判决是，李长河、刘某兴、依某宏死刑立即执行，其他两人死刑缓期二年执行。也就是说，被判决死刑立即执行的是案件的雇主和两位具体的实行人，被判处死刑缓期二年执行的是中间人，还有一位既是中间人，又是案发当天的教唆犯（帮助犯）。二审法院维持了量刑。这说明，当时的司法裁判者思维是，造意者也就是案件的发起者是主犯，承担主要责任，主要实行犯客观上直接导致了危害结果发生，也要承担主要责任，二者责任相当。其他的中间人责任相对轻些。

这种想法与上文的分析不符，该判决过于重视行为的主观方面，以行为的发起者作为最重要的负责人，而忽视了实行者的客观决定性，没有将惹起客观的法益侵害作为判断作用大小的基础，信息传递会出现偏差，在雇佣多人伤害的案件中，实行者的行为不一定能准确反映雇佣者的意志和要求。本案中，李长河与两位直接实行者之间还隔了两个人，不是李长河直接雇的刘某兴和依某宏，无法保证刘某兴和依某宏理解和接收到的教唆与李长河的主观意思是一致的，进而难以判断李长河的教唆行为被两位实行者成功完成。为何将所有的危害结果都归于雇佣者，对其判处完全相同的顶格刑罚呢？从本案查明的事实看，依某宏等人在实行中没有按照原有要求掌控全局，进而扩大了雇主要求的伤害后果。针对的对象扩大，从吕某一扩大到了吕某一的妻子；导致的伤害后果扩大，实际损害结果远超过“教训”阻止他人告发的效果，进而导致吕某一本人重伤，吕某一的妻子死亡，这样的后果已超出被告人李长河的主观范围，不在他与其他被告人的意思联络范围内，无法保证教唆得逞。更何况，在雇凶类案件中，行为人教唆完不参与，客观行为就脱离了其掌控；实际的实行者是整个行为的具体掌控者，排他支配了危害结果是否发生、范围多大，应当由其承担更大的责任。

雇凶犯罪属于共同犯罪，在犯罪判断时，应先判断正犯，再判断共犯（教唆犯、帮助犯），因为教唆犯、帮助犯的违法性从属于正犯，责任则是个别的；之后，再根据个人在共同犯罪中的作用分别划分主从，进行量刑。也就是说，对共同犯罪的判断，不能按照事件发展顺序，而要根据共同犯罪人的类型来进行。在死刑适用时，从谨慎适用死刑出发，应尽量避免对所有参与人都适用死刑。因此，在本案中，若界定每个犯罪参与人都构成故意伤害罪，则只应将两实行者判为死刑立即执行。

三、本案引发的案外启示

本案件引发出了很多案外的启示，比如对政法机关工作人员犯罪怎样看待、刑事政策怎样取舍等问题。

雇凶类案件涉及人多、作案方式复杂，全社会对该类案件特别重视，司法机关对该类案件非常警惕。政法机关工作人员特别是领导，长期从事相关工作，即便不是法律专业毕业，但对基本的法律应当有所了解。他们公然枉法，给人“知法犯法”之感，社会观感极为恶劣。刑法面前人人平等，强调的是刑法对不同行为人的平等适用，不代表对不同个体不能适用不同的刑罚。量刑时要综合考虑行为的社会危害性和行为人的人身危险性，因为这些内容的差异会导致对共同犯罪的参与人量刑不同。因而，对李长河从严论处，体现了我国对公职人员严罚的刑事政策，也具有对未来的预防效果。但是，这一切的基础建立在对事实的准确分析认定上，只有符合法理，分清主次的判罚才能罚当其罪。不能因为身份就加重被告人的刑罚，更不能不恰当地为定罪添加没有的构成要件要素。

对于一些犯罪案件，新闻媒体的持续监督有助于案件的揭露，并督促案件办理。所以，不要惧怕新闻舆论和大众关注，司法机关尤其如此。司法办案有专业性和自身规律，坚守法律、坚守底线，有争议时不掩盖、不推脱，就是正确回应舆论监督的方法。

但是，民愤并不是死刑适用的标准，更不是决定是否判死刑的决定因素。“不杀不足以平民愤”的封建观念应当摒弃。民意促进立法形成，立法一旦稳定，司法就应有专业统一的标准，在决定一个人生死的重要事项上，“民意”整体可作为裁量死刑的一个因素，可作为案件社会效果的一部分，但司法不能被其左右。

死刑的适用标准是罪行极其严重，在判断对一起案件的行为人是否适用死刑时，只能以此为依据。超出此标准的案外因素，已经不是与本案有关的因素。民愤的形成是情绪性的、不稳定的，而且民愤易被煽动，这种非理性的情绪与决定一个人生死的理性观不相适应。如果民愤严重到影响社会稳定，则对该民意应当进行及时的沟通。司法机关要做的是，严格依法办案，以法律的标准判断死刑的适用，在构成要件上没有特别的身份要素及特别的加重情节，就不能以此加重对被告人的处罚。

此外，对事实的查证亦很重要。本案暴露出雇佣内容不明、“转包”传递偏差等问题，犯意不明会直接影响案件的定性，而犯意的查证需要客观证据证实。证据要达到确实充分的程度，证据之间要相互认证，不能仅凭口供定案。在多人共同犯罪的案件中尤其如此，为了撇清责任，相互指责、避重就轻是可能的，生活中的“口出妄言”与实际主观内容之间的偏差也很常见，这时就要探究真意、分清主次。如果在实践中实在无法查证，就应当“就低不就高”，以伤害的故意代替杀人的故意认定。

【法条链接】

《刑法》

第二十五条 共同犯罪是指二人以上共同故意犯罪。

二人以上共同过失犯罪，不以共同犯罪论处；应当负刑事责任的，按照他们所犯的罪分别处罚。

第二十六条 组织、领导犯罪集团进行犯罪活动的或者在共同犯罪中起主要作用的，是主犯。

三人以上为共同实施犯罪而组成的较为固定的犯罪组织，是犯罪集团。

对组织、领导犯罪集团的首要分子，按照集团所犯的全部罪行处罚。

对于第三款规定以外的主犯，应当按照其所参与的或者组织、指挥的全部犯罪处罚。

第二十七条 在共同犯罪中起次要或者辅助作用的，是从犯。

对于从犯，应当从轻、减轻处罚或者免除处罚。

第二十九条 教唆他人犯罪的，应当按照他在共同犯罪中所起的作用处罚。教唆不满十八周岁的人犯罪的，应当从重处罚。

如果被教唆的人没有犯被教唆的罪，对于教唆犯，可以从轻或者减轻处罚。

第二百三十二条 故意杀人的，处死刑、无期徒刑或者十年以上有期徒刑；情节较轻的，处三年以上十年以下有期徒刑。

第二百三十四条 故意伤害他人身体的，处三年以下有期徒刑、拘役或者管制。

犯前款罪，致人重伤的，处三年以上十年以下有期徒刑；致人死亡或者以特别残忍手段致人重伤造成严重残疾的，处十年以上有期徒刑、无期徒刑或者死刑。本法另有规定的，依照规定。

山西假酒案

【案情介绍】

1998年春节期间，山西朔州地区发生特大毒酒事件，不法分子用含有大量甲醇的工业酒精，甚至直接用甲醇制造成白酒出售。

1998年1月27日，公安局查清出售假酒的源头：朔城区南关杨某才的白酒批发点。公安人员顺藤摸瓜，很快就查到了散装假白酒的制造者是文水县农民王某华，并连夜对他和他的妻子实施了抓捕。

经查明，王某华是文水县的农民，最初的时候开过酒坊，他只有小学四年级的文化程度，开始他并不知道甲醇或工业酒精能导致人死亡的常识。酒坊生意不好倒闭后，王某华与妻子商量，用工业酒精加水稀释制成假酒贩卖。

1998年1月，山西省文水县农民王某华从太原市南郊程某义处购买了2400千克甲醇，随后和妻子武某萍在甲醇中加入回收来的酒梢，勾兑成散装白酒。他们用34吨甲醇加水后勾兑成散装白酒57.5吨，出售给山西朔州个体户批发商王某东、杨某才、刘某春等人。这些人明知道这些散装白酒甲醇含量严重超标（后来经测定，每升含甲醇361克，超过国家标准902倍），但为了牟取暴利，铤而走险。据统计，自1998年1月26日开始，短短数日内，因喝散装假白酒而中毒死亡的人数达27人，中毒入院接受救治的人数达222人。

按照我国《刑法》的有关规定，以生产、销售有毒食品罪判处王某华、王某东、武某全等6人死刑立即执行，剥夺政治权利终身。以生产有毒食品罪，销售有毒食品罪，生产、销售不符合卫生标准的食品罪分别判处武某萍、贾某有、刘某春、朱某福等4人无期徒刑，剥夺政治权利终身。而且以上被告皆被判处罚金或没收财产。剩余的9名被告人分别被判处了5年至15年有期徒刑，而其余的政府管理部门人员也受到了行政处理。

山西假酒案震惊全国，在春节期间登上了原中央电视台的《新闻联播》。该案发生后，山西酒业受到重创，一时间，全行业的信誉、市场价值都在下滑，影响深远。〔1〕

【法理分析】

几十吨假酒，数十条人命，丧尽天良。山西假酒案是当年震惊全国的大案，他的影响远超过一地的界限，也越出了法律领域，让人深思之处颇多。对本案的分析，除了明确不同犯罪的界限外，更应对我国的食品安全管理体制有更全面的了解。

一、故意杀人罪与投放危险物质罪的关系

本案中的行为人违规制造勾兑的假酒卖给顾客，最终导致大量喝酒人死伤。从后果看，本案可能涉及故意杀人罪、投放危险物质罪、生产销售有毒有害食品罪等罪名。

故意杀人罪是最严重的犯罪之一，我国刑法并没有再区分

〔1〕 根据《人民日报》，原中央电视台等媒体报道整理。

杀人的具体种类、等级，以一个罪名囊括了所有的故意杀害他人的行为。针对该行为的不同情节和严重程度，以法定刑区分，以体现罪责刑相适应。不过，该类行为侵犯的只是个人法益，即公民的人身权利，具体为他人的生命权。

像制造销售假酒，进而导致购买者大量死亡伤残的情况，针对的对象已不是特定的个人，而是无差别的任何购买白酒的人。这种危害后果更大，已无法为故意杀人罪所规制。我国同种数罪一般不并罚，只是将危害结果的数量作为量刑情节予以考虑，故意杀人罪针对的都是特定对象。且制造销售假酒的行为人，本质上还是为了牟利，并不是想致大量顾客于死地，看不出其任何仇恨社会、报复社会的动机，本案不能定故意杀人罪。之后可考虑的、与规制该类行为相对应的是危害公共安全罪。

危害公共安全罪，是一种类罪名，侵犯的是不特定或多数人的人身、财产安全。在我国刑法分则中，危害公共安全罪仅排在危害国家安全罪之后，可见该类行为的危害之大。“不特定”指该类行为针对的对象不特定，可多可少，造成的影响不特定，后果有向多数人扩展的可能性、危险性。多数人中的“多数”要体现出“公共”的特性。“多数”是“公共”概念的核心。实践中一般有两种情况会被认定为“不特定多数人”，从而构成危害公共安全罪：第一种情形是行为针对的对象是不特定的，且行为人事先也没有预料到具体的危害后果；第二种情形是行为人针对的对象是相对特定的，但实际造成的后果是行为人没有预料的，不能控制的。〔1〕可见，我国司法实务机关也

〔1〕 参见熊娟：“郑小教以危险方法危害公共安全案（第 1072 号案）——如何理解以危险方法危害公共安全罪中的‘不特定多数人’”，载中华人民共和国最高人民法院刑事审判第一、二、三、四、五庭主办：《刑事审判参考》（总第 103 集），法律出版社 2016 年版。

认可对公共安全的理解，只要对象或后果有一项是不特定的，都显示出行为对公共安全的侵犯性。

曾经，主流观点认为“不特定多数人”的安全是公共安全，不特定与多数人之间是“且”的关系。现在，更多的学者认可不特定与多数人之间是“或”的关系。采用早期观点，会让危害公共安全罪的成立范围变得狭窄，让“不特定少数人”和“特定多数人”无法被“公共”安全的概念所容纳。采用现有的观点，只要突出“公共”的本质，界定就是合适的。针对不特定对象的法益侵害也是为了让这种危险向开放空间扩散而影响多数人，这就呈现出了危害的公共性。

投放危险物质罪被规定在我国刑法危害公共安全罪这一章中，它与放火罪、决水罪、爆炸罪等被规定在一个条文中，这就表明该行为的手段、结果都要有社会相当性，足以危害到公共安全。本罪是危险犯，要求只要具备相应危险就构成既遂，《刑法》第 115 条第 1 款规定了该罪产生实害结果即结果加重犯的情况。

投放危险物质罪中的“投放”是该罪最重要的客观表现。行为人投放的必须是毒害性、放射性、传染病病原体等危害人的生命、健康或牲畜、禽类、水产养殖物安全的危险物质。投放行为的典型表现：一是将危险物质投放于供不特定人饮食的食品或饮料中；二是将毒物投放于供人、畜等使用的河流、池塘、水井等中；三是在一些公共场所释放放射性、传染病病原体。可见，投放行为是在原先无毒的物质中加入有毒性的物质，从而危害公共安全。投入的物质不一定是食品，有可能在其他领域，比如空气、池塘中。

本案中，这些行为人对自己制造假酒又销售假酒的行为是完全明知的，他们就是利用了市场的真空，在牟利心理的驱使下，毫无顾忌普通消费者的生命健康。从实际结果看，本案已造成多人伤亡，后果非常严重。但是，就客观表现看，本案的行为是否属“投放”行为呢？

本案的行为不属于投放危险物质。投放危险物质要达到与放火、爆炸、决水等行为相当的严重程度，结果可造成的危险性要具体判断。本案中的被告人都只是普通村民，没有毒害他人、报复他人的目的，从事实上看，他们只是想赚钱，听说有人卖这种勾兑酒成本低却很赚钱，于是自己也想做来售卖。被告人施行行为时没有过多考虑“假酒”的危害，就是想着“别人卖过自己也卖”，同样要赚钱。在这种心理支配下，被告人不断勾兑制造自己的“白酒”销售，制造出了大量有毒的酒，本质上不属于在已有的食品中投放有毒物质。因此，即便本案最后导致了多人死伤，被告人的行为也不构成故意杀人罪、投放危险物质罪。

主观心态由客观行为推出。故意与过失心态的重大区别在于持过失心态的行为人对危害结果的态度是反对的，不存在模棱两可之处，就是反对，至于客观上有没有反对成功，阻止危害结果的发生，则是另一回事。作为通常的食品行业经营者，即便在简陋的环境下，也是为了赚钱经营，而不是为了直接把消费者毒死，断了自己的后路。这个判断符合实际，行为人没有危害公共安全罪即投放危险物质罪的主观故意。

二、生产、销售有毒、有害食品罪与投放危险物质罪的关系

生产、销售有毒、有害食品罪被规定在我国《刑法》“破坏社会主义市场经济秩序罪”一章中。从该罪名的归类中就可看出，该罪主要侵犯的法益是市场经济活动中的正常秩序，还有消费者的身体健康。

生产、销售有毒、有害食品罪的客观表现是，违反国家食品卫生管理法规，在生产、销售的食品中掺入有毒、有害的非食品原料或者销售明知掺有有毒、有害的非食品原料的食品的行为。可见，本罪的前提是违反国家食品卫生管理法规，该判断依赖于行政法律法规的规定；有毒、有害食品的主要特征是在原有的食品中“掺毒”的行为。也就是说，行为人本来是生产正常食品的，之后掺入了有毒、有害的非食品原料。“掺入”有一定比例限制。这就将本行为与事后的“投放”行为区分开来。非食品原料是针对食品原料而言的，食品原料，是指粮食、油料、肉类、蛋类、糖类、薯类、蔬菜类、水果、水产品、饮品、奶类等可以制造食品的基础原料。〔1〕那么这些原料以外的其他原料就是非食品原料。实践中，在奶粉中添加三聚氰胺等就属于生产有毒、有害食品的行为。本罪的主体是一般主体，任何人都可以构成。生产、销售行为之后，行为人就成了生产者、销售者，这并不是特殊主体。

在本案中，假酒的制造者直接勾兑工业甲醇，产量巨大，“制造”出来的东西不能称之为可饮用的白酒，但销售者却以普通的白酒销售。行为人主观上仍然是希望造假酒牟利，而不在于报复社会或者教训某些人。几个人胆大无知，就是觉得这样的假酒成本低，赚得多，销量好，就肆无忌惮地大量制造贩卖，至于其他的，他们完全顾不上了。工业甲醇中当然含有一些酒精成分，但它与日常饮用的酒精有很大差别，属于非食品原料。工业甲醇显然不属于国家允许的可添加到食品中的非食品原料，没有添加效果和任何营养价值，且工业甲醇对人体有害，不属于可直接饮用的原料。那么行为人的这种勾兑添加行为，就是

〔1〕 参见王作富主编：《刑法分则实务研究》（中），中国方正出版社 2001 年版，第 280 页。

制造有毒、有害食品的行为。

生产、销售有毒、有害食品罪与投放危险物质罪的区别主要有：①犯罪客体不同。投放危险物质罪的客体为公共安全；生产、销售有毒、有害食品罪的客体为复杂客体，包括国家对食品卫生的监督管理秩序和不特定多数人的生命健康权。两者有一定交叉，不完全一样。②犯罪客观方面不同。投放危险物质除可以在食品中投放有毒物质外，也可以在其他场合投放有毒物质；生产、销售有毒、有害食品罪在客观方面表现为在生产、销售的食品中掺入有毒、有害的非食品原料或者销售明知掺有有毒、有害的非食品原料的食品。③犯罪主体不同。投放危险物质的主体为一般主体，即自然人，14 周岁以上的人可以构成投放危险物质罪；生产、销售有毒、有害食品罪的主体为一般主体，既可以是年满 16 周岁的自然人，也可以是单位。在以上区别中，两罪名的犯罪客体和犯罪主体还有交叉的部分，单纯依此无法区分具体的情况，因此区分两罪名主要还应从犯罪客观方面入手。

如果行为人抱着让很多人死的目的，就会在现成的白酒中直接添加有毒的物质，直接把酒弄成“毒药”，客观方面投放的一定是毒害性物质、放射性物质、传染病病原体等。现在的情况是，行为人为了省钱，制造出大量的“白酒”，用的材料是工业酒精，本身有毒害性，导致了严重后果。行为人的整个活动仍属生产、销售活动，这就像食品中有效含量不足、食品中有毒性的内容加多了，这与直接在食品中添加毒物目的是制造毒物的行为有明显不同。

生产、销售有毒、有害食品罪已属于生产、销售伪劣商品罪里的严重犯罪，刑法将其既遂标准明确为行为犯，即只要有生产、销售的行为，不要求造成重大食品安全事故即构成本罪既遂。本案行为人已经构成生产、销售有毒、有害食品罪既遂。

本案不构成投放危险物质罪，行为人投放的手段、物品、程度都达不到危害公共安全罪的评价程度，类似的食品安全案例，也都以生产、销售有毒、有害食品罪定罪，而不以投放危险物质罪论处。可以说，生产、销售有毒、有害食品罪与投放危险罪之间存在一定的法条交叉关系，而前者是专门针对食品安全犯罪的特别法，理应优先适用。以此罪论处也符合法理。

三、假酒案所折射出的监管问题

酒类属于食品的范畴。我国的食品监管体制几经变迁，一段时间以来，我国的食品安全形势非常严峻。山西假酒案发生时，正处于我国经济转型、社会变革的时期，商品销售环节多元、混杂，广大乡村地区与城镇地区处于不同的消费层，消费环境、习惯有明显差异，广大乡村地区就是监管的“真空”地带。这种情况下，仿冒酒、假酒钻了市场的空子，在乡村地区泛滥，造成扩散极广的危害后果。

酒在中华文化语境下具有特殊的意义，酒类消费在居民消费中占据比重极高；逢年过节，更离不开酒的助兴。本案就发生在当年的春节前夕，酒的特殊地位和农村地区消费群体对廉价酒的需求使本案造成了极为严重的后果，影响也极为恶劣。这背后反映出了犯罪分子猖獗，监管部门监管“缺位”的现实。如何保障所有公民平等地享有权利，享受生活，是未来要解决的大问题。

刑法是其他部门法的保障法，具有滞后性、补充性。即便刑法处罚再严厉，假酒造成的重大危害也已难以弥补。与事后严罚相比，惩治假酒类刑事犯罪的刑事政策侧重点应放在前期预防堵塞漏洞上，而对此监管部门应负起更大的责任。我国已建立起食品安全监管的法律体系，制定了严厉的《食品安全法》，成立了统一的市场监管部门，事前报批、检查、监测，事中抽查，事后惩治救济，只有这套体系运行得好，才能防患于未然。我国《刑法》中已规定食品监管渎职罪，是指负有食品安全监督管理职责的国家机关工作人员，滥用职权或者玩忽职守，导致发生重大食品安全事故或者造成其他严重后果的行为。该渎职类罪名专门针对食品安全领域的滥用职权、玩忽职守行为而设定，是渎职罪的特别法条。本罪的主体是特殊主体，即负有食品安全监督管理职责的国家机关工作人员。本罪的主观方面是过失，指行为人对损害结果的发生是存在过失的。从行为人的主观心理看：在认识因素方面，食品监管人员行使国家监督管理职权，经过一定的专业知识培训，熟悉本部门的监管业务活动，对渎职行为的社会危害性即导致发生的重大安全事故或者其他严重后果具有认识可能性，对渎职行为的违法性即违反食品监督管理法律法规亦具有认识。在意志因素方面，滥用职权或者玩忽职守的食品监管人员对结果的发生是持疏忽大意的心态或者轻信避免的心态。若行为人对重大后果的心态也是故意，那就不能被本罪所评价了。由此观之，只要在食品安全的环节上，无论生产者、销售者还是监管者，违法都要受到制裁，情节严重的都要追究刑事责任。食品业参与各方只有形成合力，“围追堵截”，假酒案的悲剧才能不再重演，在这点上，法律应当发挥作用。

此外，本案在春节期间发生也增加了案件的破坏力和影响力，这与中国传统中返乡回家团圆的习俗和悠久的酒文化相关。春节期间探亲访友、拜年聚会、聚餐饮酒劝酒，这些年节习惯让酒类消费急剧增加。可以说，春节期间食品酒类消费远高于平常，这就使得假冒伪劣有害的食品迅速扩散，从街头小铺直接摆上广大群众的餐桌。食品是构成人类生存的物质前提，人体健康是进行其他一切工作的保障，让有害的食品扩散，让聚集的人们中毒，无异于摧毁人的有机体，彻底损害人类的价值。为了避免这一重大损害，除了树立文明的节庆观、聚会观外，更重要的还是要全面加强食品监管，重视食品安全，维护“舌尖上的正义”这最后一道防线。

食品安全事件，有狭义和广义两种。狭义指的是食品安全事故，指食物中毒、食源性疾病、食品污染等源于食品对人体健康有危害或者可能有危害的事故；广义指的是与食品安全相关的各种新闻事件。对于食品安全事件，要用系统的眼光加强监管，从食品源头到食品上市直到老百姓“入口”的全过程都要进行监管。防患于未然，在源头上抑制问题食品进入市场。法律在食品安全监管中要起到事前预防、事后制裁的作用，对已发生的严重食品安全案件要严厉打击，绝不手软，坚决遏制。

市场的自发性从来都与监管之间存在一定的紧张关系，但二者相辅相成，缺一不可，管理过度会让经济丧失活力，缺少监管就会让部分市场主体为所欲为。山西假酒案对整个汾酒产业造成了破坏性的影响，从地方个案发展到影响全行业，教训很深刻。在此之后，我国又发生了若干起重大的食品安全事故，它们用血的教训不断调整着我国的食品监管体系，推动着法治体系逐渐健全。正如当年《人民日报》所说：“我们的基层政权建设和法制建设，在偏远的农村要比在城市走更多的路。仅就打假而言，如何在广阔的农村健全市场行为，教育农民提高自我保护意识，确实已经提上了议事日程，至少是我们不能再让甲醇横流毒害生灵了！”希望这一呼吁能切实时刻提醒我们的管理者，让人民的利益不再受伤。

【法条链接】

《刑法》

第一百一十四条 放火、决水、爆炸以及投放毒害性、放射性、传染病病原体等物质或者以其他危险方法危害公共安全，尚未造成严重后果的，处三年以上十年以下有期徒刑。

第一百一十五条 放火、决水、爆炸以及投放毒害性、放射性、传染病病原体等物质或者以其他危险方法致人重伤、死亡或者使公私财产遭受重大损失的，处十年以上有期徒刑、无期徒刑或者死刑。

过失犯前款罪的，处三年以上七年以下有期徒刑；情节较轻的，处三年以下有期徒刑或者拘役。

第一百四十条 生产者、销售者在产品中掺杂、掺假，以假充真，以次充好或者以不合格产品冒充合格产品，销售金额五万元以上不满二十万元的，处二年以下有期徒刑或者拘役，并处或者单处销售金额百分之五十以上二倍以下罚金；销售金额二十万元以上不满五十万元的，处二年以上七年以下有期徒刑，并处销售金额百分之五十以上二倍以下罚金；销售金额五十万元以上不满二百万元的，处七年以上有期徒刑，并处销售金额百分之五十以上二倍以下罚金；销售金额二百万元以上的，处十五年有期徒刑或者无期徒刑，并处销售金额百分之五十以上二倍以下罚金或者没收财产。

第一百四十四条 在生产、销售的食品中掺入有毒、有害的非食品原料的，或者销售明知掺有有毒、有害的非食品原料的食品的，处五年以下有期徒刑，并处罚金；对人体健康造成严重危害或者有其他严重情节的，处五年以上十年以下有期徒刑，并处罚金；致人死亡或者有其他特别严重情节的，依照本法第一百四十一条的规定处罚。

第一百四十九条 生产、销售本节第一百四十一条至第一百四十八条所列产品，不构成各该条规定的犯罪，但是销售金额在五万元以上的，依照本节第一百四十条的规定定罪处罚。

生产、销售本节第一百四十一条至第一百四十八条所列产品，构成各该条规定的犯罪，同时又构成本节第一百四十条规定之罪的，依照处罚较重的规定定罪处罚。

第四百零八条之一 负有食品药品安全监督管理职责的国家机关工作人员，滥用职权或者玩忽职守，有下列情形之一，造成严重后果或者有其他严重情节的，处五年以下有期徒刑或者拘役；造成特别严重后果或者有其他特别严重情节的，处五年以上十年以下有期徒刑：

（一）瞒报、谎报食品安全事故、药品安全事件的；

（二）对发现的严重食品药品安全违法行为未按规定查处的；

（三）在药品和特殊食品审批审评过程中，对不符合条件的申请准予许可的；

（四）依法应当移交司法机关追究刑事责任不移交的；

（五）有其他滥用职权或者玩忽职守行为的。

舞弊犯前款罪的，从重处罚。

《食品安全法》

第三条 食品安全工作实行预防为主、风险管理、全程控制、社会共治，建立科学、严格的监督管理制度。

第四条 食品生产经营者对其生产经营食品的安全负责。

食品生产经营者应当依照法律、法规和食品安全标准从事生产经营活动，保证食品安全，诚信自律，对社会和公众负责，接受社会监督，承担社会责任。

第一百二十一条 县级以上人民政府食品安全监督管理等部门发现涉嫌食品安全犯罪的，应当按照有关规定及时将案件移送公安机关。对移送的案件，公安机关应当及时审查；认为有犯罪事实需要追究刑事责任的，应当立案侦查。

公安机关在食品安全犯罪案件侦查过程中认为没有犯罪事实，或者犯罪事实显著轻微，不需要追究刑事责任，但依法应当追究行政责任的，应当及时将案件移送食品安全监督管理等部门和监察机关，有关部门应当依法处理。

公安机关商请食品安全监督管理、生态环境等部门提供检验结论、认定意见以及对涉案物品进行无害化处理等协助的，有关部门应当及时提供，予以协助。

厦门远华特大走私案

【案情介绍】

1999 年 4 月，一封长达 74 页的举报信引起了中央有关部门的重视，信中反映厦门关区存在特大走私问题，而且涉及一些部门和领导干部。1999 年 9 月，中央领导主持召开会议决定，将这一案件正式列为中央直接抓的大案，从中纪委、最高人民法院、最高人民检察院、公安部等部门抽调力量进驻厦门市，全面展开查处工作。厦门远华特大走私案（以下简称“远华案”）终于曝光在世人面前。

1991 年 4 月，赖昌星通过关系取得香港居民身份。1994 年初，赖昌星以港商的身份回到福建，成立了厦门远华电子有限公司，之后又于 1996 年成立了厦门远华集团有限公司，逐步形成了以其为核心，主要成员相对固定，参与人员众多，组织结构严密的走私集团。赖昌星走私集团从电脑芯片走私开始，之后走私范围迅速扩张至植物油、石油、香烟、汽车、化工原料、纺织原料、通信器材等。

赖昌星走私集团本身没有进出口权，但赖昌星通过贿赂、腐蚀其他企业的领导干部，先后利用厦门市多家企业的进出口权进行走私。1995 年 6 月，赖昌星以 1000 万元租下某公司的一个保税仓库和一个保税油库后，仅 1996 年 6 月至 1998 年 1 月，就走私进口成品油18万多吨，汽车3588辆，案值达20多亿元。

1998年全国加大打击走私力度后，赖昌星改用更为隐蔽的不报关、伪报品名、少报多进等方式继续走私。调查数据显示，1996年至1999年，远华集团用不报关的方法共走私进口成品油450多万吨，是整个厦门关区同时期正常报关进口量的一倍多。经法庭审理认定，1996年以来，赖昌星勾结其他公司，通过假转口、伪报货物品名等手法共走私进口香烟163万多箱。

赖昌星走私集团走私成品油最猖獗的时候，甚至根本不向海关申办手续，私下找到商检、港监的人进行鉴定、安排过驳，直接“闯关”。据查，1996年至1999年，赖昌星以此方式走私进口成品油391万吨，案值104亿元，偷逃税款20亿元。

经查明，1995年12月至1999年5月，赖昌星走私集团及其他走私犯罪分子走私香烟、汽车、成品油、植物油、化工原料、纺织原料及其他普通货物，案值共计人民币530亿元；经海关关税部门核定，偷逃应缴税额共计人民币300亿。

1999年8月，赖昌星畏罪自香港潜逃加拿大，并向加拿大移民部提出了难民资格申请，企图长期滞留加拿大，以逃避法律制裁。加拿大有关部门经甄别，驳回了赖昌星的难民资格申请。随后加拿大移民部启动了对赖昌星的遣返程序，并最终于当地时间2011年7月22日依法将其递解出境。

2011年7月23日下午，中加双方在北京首都国际机场办理了有关交接手续。随后，我公安机关依法向赖昌星宣布了逮捕令，并向其交代了包括聘请律师为自己辩护在内的法定权利。[1]

---

〔1〕 黄东阳、安海涛：“厦门远华特大走私案——建国以来涉案金额最大的集团走私案件”，载《人民法院报》2018年11月22日。根据该文整理。

【法理分析】

厦门远华走私案是20世纪90年代发生的一起重大走私犯罪案件，曾引起了我国人民和国际社会的广泛关注。该案从案发到最后主犯归案、刑罚执行，历时十几年。该案的发生与当时的时代背景密切相关，那时，社会主义市场经济从初创到高速发展，政商关系不规范、基层治理缺失、法制贯彻还不到位，这些遗留的“漏洞”让犯罪人有机可乘，疯狂敛财，发人深省。远华案的处理是一个标志，它提醒人们，在经济发展的同时，不能忽略了其他方面的建设，要不断完善制度，堵塞漏洞，要让犯罪人感知到，“法网恢恢，疏而不漏”。

远华案的影响超出了法学领域，进入了政治领域。其涉及的不仅有犯罪的定罪、量刑问题，还涉及我国的刑事司法国际合作的实践，具有国内刑法与国际刑法交叉的内容。本文将对这些问题分别予以分析。

一、本案在定罪方面的争议问题

远华案的发生历时多年，是一个延续性的犯罪案件。以赖昌星为首建立的远华集团，于1994年成立至1999年案发，其从事走私犯罪活动达5年之久，走私货物价值和偷逃税款金额特别巨大。为了专门从事犯罪活动而成立的公司不属于单位犯罪的范畴，因为这就是犯罪集团，一切活动都是为犯罪服务的。远华集团从成立开始，就没有正常的经营活动，挂牌之后就以公司为掩护进行各种走私。从最后的判决看，赖昌星共涉及走私普通货物、物品罪和行贿罪两项罪名。以下，笔者将结合案件事实逐项分析。

（一）走私普通货物、物品罪

走私罪的本质是违反海关法规，逃避海关监管。对于国家违禁品，国家不允许其进出口，是为了保障国家社会、经济安全，私自进关会干扰破坏这一监管秩序。对于其他货物、物品，国家对其进行整体监管，是为了保障财政税收，全面维护经济秩序。如果没有海关监管，国家对商品、服务的信息无法掌握，会造成国内物资紊乱，冲击正常的外贸经济秩序，因此世界各国都对走私行为予以规制。日常生活中，绕关、逃避海关、隐瞒商品、伪装带入、邮寄、“代购”等行为很常见，都可能构成走私。

走私普通货物、物品罪，是指违反海关法规，非法从事运输、携带、邮寄除毒品、武器、弹药、核材料、伪造的货币、国家禁止出口的文物、黄金、白银和其他贵重金属、珍贵动物及其制品、珍稀植物及其制品、淫秽物品、废物、毒品以外的其他货物、物品，进出国（边）境，偷逃关税，情节严重的行为。

走私普通货物、物品罪，在刑法中属于破坏社会主义市场经济秩序罪的罪名。本罪侵犯的客体是国家的海关监管秩序。它的对象是普通货物、物品，与刑法规制的其他违禁品、国家禁止进出口的货物品相对，它专门规制除那些物品以外的货物、物品。构成本罪，有数额的要求。依刑法规定，本罪的起刑点为走私货物、物品偷逃应缴税额5万元。

走私普通货物物品罪与其他走私罪之间属于对立关系。也就是说，行为人若走私的是武器弹药、核材料、伪造的货币、文物、贵重金属、废物、珍稀动物及其资源、珍稀植物及其资源、淫秽物品、毒品，则应分别适用针对这些对象的特殊的走私罪法条。在上述国家限制进出口的货物、物品中，走私贵重金属罪、走私文物罪规制的是私自让贵重金属、文物出境的行为，走私废物罪规制的是私自让废物入境的行为，而其他特定种类的走私犯罪，都是规制走私该特定物品进出境的行为。在这里需注意的是，如果私自让贵重金属、文物入境，让废物出境，偷逃税款数额达到5万元以上，则可能构成走私普通货物、物品罪。《刑法》专门规定了走私国家禁止进出口的货物、物品罪这一兜底性罪名，也就是说，本罪规制的是非国家禁止进出口的货物物品，是国家允许进出口的货物物品、国家限制进出口的货物物品等。如走私大量汽车、电视、计算机等入境，有可能构成本罪。

本罪的主体是一般主体，只要年满16周岁，有刑事责任能力的自然人均可以构成，单位也是本罪的主体。本罪的主观方面是故意，且本罪在犯罪目的上是牟利。

远华案中的走私对象主要包括汽车、香烟、酒、成品油、植物油等，这些物品不属于国家禁止进出口的货物物品，均属于普通货物、物品。但赖昌星走私集团走私物品的数量特别大，价值特别大，偷逃国家税款特别多。据统计，赖昌星走私犯罪活动走私货物货值达274亿元，逃税140亿元，数额特别巨大。这一数量之巨若在现在仍足以震惊社会大众，更何况在20世纪的90年代。

赖昌星完全符合走私罪中关于犯罪主体的构成要件，他的主观方面就是故意，而且为了牟利，他用金钱“扫除”一切障碍，足见其明知且希望的直接故意心态。

综上，赖昌星本人的行为完全符合走私普通货物、物品罪的四个构成要件，且属情节特别严重，应当依法惩处。

（二）行贿罪

行贿罪，是指为谋取不正当利益，给予国家工作人员、集体经济组织工作人员或者其他从事公务的人员以财物的行为。该罪名属于贪污贿赂罪的部分，与受贿罪构成对合犯罪。但是，有受贿罪不一定必然有行贿罪，两罪对于“谋取利益”的要件要求不同，行贿罪要求请托人必须为了谋取不正当利益，而受贿罪单纯收受的一方为请托人谋取的是利益，而无论正当或不正当。在具体案件中构成何罪还要依据各罪的具体的犯罪构成。

赖昌星的一系列行贿行为在客体上侵犯了国家公职人员的职业廉洁性和公职行为的不可收买性，客观方面表现为为谋取不正当利益，给予国家工作人员、集体经济组织工作人员或者其他从事公务的人员以财物的行为。“谋取不正当利益”是客观要件，不正当利益指违反法律、法规，通过正常途径未取得的利益。需要通过竞争手段获得，还不确定的利益，属于“不正当利益”。如不确定的招投标结果、需要竞争的“户口”名额，这些都属于贿赂罪要求的“不正当利益”。构成本罪，有数额的要求。行贿罪的主体是一般主体，要求必须是自然人。单位行贿的，另定单位行贿罪。本罪的主观方面是故意，即行贿人对于自己行贿行为的目的、性质都十分清楚，但为了谋取私利而仍然为之的故意。

从主体看，行贿罪要求一般主体即可构成，赖昌星显然符合这一主体要件。主观方面，从赖昌星的一系列行为看，他对其行为完全是故意心态，他明知自己的行为是向国家机关工作人员行贿，还希望如此，因为他期望通过此举打通关系，谋取不正当利益。这种直接故意心态表明此种行贿行为的社会危害性更重。

有人或许认为，行贿罪的社会危害性没有那么重，行为人也不是国家工作人员，他只是把自己的钱给别人罢了。但是，赖昌星之所以能够持续性地进行走私犯罪活动，无不与其全方位、长时间的行贿有关。他的行贿犯罪行为与其他犯罪行为相互交织，互为条件，正是由于他不断行贿以获得“保护”，才建立起了他的“犯罪帝国”，使得走私活动能不断持续下去。

赖昌星共构成上述走私普通货物、物品罪和行贿罪两罪，应当数罪并罚。远华案涉案金额大、历时时间长，涉及的各级干部众多，其行为明目张胆、为所欲为，足以使其成为改革开放以来标志性的经济犯罪大案代表。

二、追逃方面的问题

从 1999 年赖昌星逃到加拿大，到 2011 年他被遣返回国，共计花了 12 年时间。赖昌星一家在签证到期后，首先申请难民身份。加拿大难民法庭一审驳回了其避难申请。后来赖昌星先后两次上诉，2005 年加拿大最高法院拒绝了赖昌星及其家属的难民身份申请。之后由行政部门移民部完成对赖昌星遣返前的风险评估，随后赖昌星向联邦法庭提出延缓遣返上诉，并提出对风险评估进行司法审查。之后，加拿大联邦法院接受了他提交的司法复核的申请，移民部又允许其在加拿大工作。直到 2011 年 7 月 21 日，加拿大联邦法庭否决赖昌星暂缓执行遣返令的申请，赖昌星被遣送回中国。可见，在整个过程中，赖昌星进行了三次难民申请诉讼，又提出了延缓遣返上诉，司法手段与行政手段并用，最终程序用尽，这充分体现了程序的繁琐。

我国逃犯若逃到国外，让其回国接受审判有几种模式：引渡、遣返、劝返自首。引渡是指一国把在该国境内而被他国指控为犯罪或已被他国判刑的人，根据有关国家的请求移交给请求国审判或处罚。引渡制度是一项国际司法协助的重要制度，在国际法上，国家没有必须引渡的义务。引渡形式正式、严格，很多时候需要双方存在引渡协议，且符合引渡的要求；引渡存在诸多例外，如政治犯罪不引渡、死刑不引渡、本国国民不引渡等。不是所有外逃犯罪人都能通过引渡方式让其回国接受审判的。

遣返是更为灵活的追逃模式，因为外逃逃犯一般入境他国时，没有合法的身份，都是以旅游签证等入境的，所以超过签证期限其本人均属于非法居留。赖昌星到加拿大时也没有合法的长期居留身份，签证一过期，如果没有法定事由，他就属于非法居留，没有在加拿大的合法身份，只能等待遣返回原籍国。

劝返指对外逃人员进行劝说，使其主动回国，接受追诉、审判或者执行刑罚。经劝返的行为人主动回国的，按照自首处理。劝返是较为独特的措施，在实践中得到了越来越多的应用。根据统计，2015 年 4 月到 2020 年 4 月，“百名红通人员”归案已达到 60 人，被劝返回国的有 45 人，占 75%。可以说，劝返和缉捕是最为高效的追逃措施。[1]但是，就是这样一条在实践中广为应用的措施，在国内法律上并没有明文界定，也没有明确的法律依据。在该模式下，由于外逃人员是“主动”回来的，因此它所受的程序限制最少，适用效果最好。

以上几种方式中，劝返、遣返在我国实践中更为常用。因为这两种方法相对来说更简便，更有利于实现追逃追赃的目的。

世界上有许多国家（包括加拿大）废除了死刑。因此，从这些国家遣返嫌犯，当可能导致被遣返人最终被判处死刑时，这些国家要求对方国作出不判处死刑的承诺。如果对方国不承诺，遣返要求就会被拒绝。我国对赖昌星作出不判处死刑的承诺，是他能被遣返回国的必要条件，这也符合世界刑事司法合

〔1〕 张磊：“从‘百名红通人员’归案看我国境外追逃的最新发展——写在‘百名红通人员’名单公布五周年之际”，载《法律适用（司法案例）》2020 年第 10 期。

作的通例。在案件审理进程中，我国及时正式作出了该承诺，并表明受该承诺约束，解决了死刑问题这一障碍。

关于案件未经审判即作出量刑承诺是否有超越司法程序之嫌的说法，最高人民法院发言人解释说，首先，遣返活动当然发生在审判之前，因此，不能以案件未经审判来质疑遣返中量刑承诺的合法性；其次，包括量刑承诺在内的遣返活动，法律上也规定了必要的程序，包括量刑承诺可以由外交部代表国家对外表达，但要先由最高人民法院作出决定等。总体对“不判死刑的承诺”，都有明确的程序要求，我们严格遵循了这一要求。赖昌星在加拿大一共待了7年时间，为了最大限度维护国家利益，让其尽快回国接受审判和制裁，作出承诺是必要的。毕竟，让犯罪人必须接受审判比其他的事项更重要。

赖昌星聘请了知名律师，几乎用尽了加拿大的司法程序。他发动的是难民申请程序，可以上诉。加拿大对难民申请按照司法审查模式进行，法官要听取双方的意见。之后，加拿大还有专门的遣返风险评估程序，可以使案子继续拖延。在这个过程中，我国司法机关、政府部门多方努力，积极应对。该案所围绕的核心问题是：遣返是否可能对赖昌星的生命造成威胁或者是否可能使其受到刑讯等不人道的酷刑。〔1〕对此，我们作出了不判死刑的承诺，加拿大移民部聘请了中外专家证人、事实证人，在加拿大难民法庭上陈述事实，并展开了激烈的辩论。赖昌星在中国被指控的犯罪不是政治犯罪，且没有证据证明中国会对其实施酷刑。中国的法治在不断进步，人权状况在不断改进，加拿大难民法庭最终采纳了上述说法，认为加拿大移民部方面有优势证据。

---

〔1〕 参见黄风主编：《中国境外追逃追赃经验与反思》，中国政法大学出版社2016年版，第1页。

赖昌星还企图讨回香港居民身份。赖昌星曾在加拿大状告香港特别行政区政府非法剥夺他和家人的香港居民身份。赖昌星曾获得香港特区居民身份和护照，但因为他是“以非法手段”取得的香港居民身份，所以他和家人的身份后来被撤销。香港特区居民与我国内地居民根据“一国两制”的制度安排，存在一些不同的权利。赖昌星此举是为了逃避中国内地的刑事审判，并且制造麻烦，拖延时间。最终，赖昌星的这一请求也未获得法庭支持，他非法获取身份的行为没有任何法律依据。

当加拿大的司法程序被全部用尽，2011 年 7 月，赖昌星被要求立即遣返。至此，我国这一耗时 12 年的追逃工作终于完成。

远华案的追逃过程非常繁琐复杂，这是由于各国法律制度不同，对事物的理解存在差异。它告诉我们，在进行国际刑事司法合作时，要熟悉并尊重他国的法律制度，在法治框架下寻求可能的解决之道，专业手段与政治手段相结合，缺一不可。

三、本案带来的深层次启示

赖昌星最终因走私普通货物罪和行贿罪被追究刑事责任。本案之所以影响大，是因为它发生在那个经济风云变幻的时代，且充分暴露了一些地方基层治理的弊端。经济犯罪与腐败活动相勾结，暴露出了严重问题，足以警醒各级干部。这就告诉我们，犯罪的危害有扩散性，具有溢出效应，它不局限于侵犯本罪的法益，它与其他人的犯罪活动相连，会产生对全社会的危害后果。

远华案还见证了中加国际司法合作的开展。加拿大与中国之间并没有双边引渡协议，基于其国内法基础上的非法移民遣返程序要求高、时间长，两国司法制度的差异导致加拿大对我国存在一定误解。即便这样，我国一直没有放弃努力，通过各种途径积极参与加拿大相关司法程序，最终使赖昌星得以回国接受审判，这是多部门、专家学者共同努力的结果。对赖昌星的成功遣返表明，无论逃到天涯海角，犯罪人都要受到法律惩罚，“有罪不罚”的历史必须终结。本案的巨大影响给所有外逃嫌疑人带去了震撼，做了亏心事在国外东躲西藏，内心承受煎熬，也不可能逃脱法律制裁，还不如早日回国接受审判。该案为我国追逃追赃工作的进一步开展树立了典范。

2012 年、2018 年我国《刑事诉讼法》经过了两次修正，增加了“违法所得没收程序”“刑事缺席审判程序”等特别程序，前者主要定位于追赃，后者主要定位于追逃。这些程序的设计从增强我国反腐败效果的大背景出发，完善制度，促进了我国追逃追赃工作的进一步开展。未来，对于外逃嫌疑人，追赃工作可先行展开；追赃与追逃同样重要，只有切断了其物质来源，对他们犯罪行为的打击才能更彻底，才更有利于预防这类犯罪发生。违法所得没收程序与缺席审判程序可以同时提起适用，即便犯罪嫌疑人不在境内，也绝不能放任不管，违法就是违法，腐败的“肮脏”不允许被置之不理，更不可以被“洗白”。

我国的反腐败之路仍然艰巨，不能刹车、没有终点。在全社会建立起“不敢腐”的氛围之后，接下来重要的工作是进行制度建设，及时清除腐败产生的土壤，对腐败犯罪的共生因素予以处理。只有这样，才能风清气正，人民的生活才能更安康。

【法条链接】

《刑法》

第一百五十三条 走私本法第一百五十一条、第一百五十二条、第三百四十七条规定以外的货物、物品的，根据情节轻重，分别依照下列规定处罚：

（一）走私货物、物品偷逃应缴税额较大或者一年内曾因走私被给予二次行政处罚后又走私的，处三年以下有期徒刑或者拘役，并处偷逃应缴税额一倍以上五倍以下罚金。

（二）走私货物、物品偷逃应缴税额巨大或者有其他严重情节的，处三年以上十年以下有期徒刑，并处偷逃应缴税额一倍以上五倍以下罚金。

（三）走私货物、物品偷逃应缴税额特别巨大或者有其他特别严重情节的，处十年以上有期徒刑或者无期徒刑，并处偷逃应缴税额一倍以上五倍以下罚金或者没收财产。

单位犯前款罪的，对单位判处罚金，并对其直接负责的主管人员和其他直接责任人员，处三年以下有期徒刑或者拘役；情节严重的，处三年以上十年以下有期徒刑；情节特别严重的，处十年以上有期徒刑。

对多次走私未经处理的，按照累计走私货物、物品的偷逃应缴税额处罚。

第一百五十四条 下列走私行为，根据本节规定构成犯罪的，依照本法第一百五十三条的规定定罪处罚：

（一）未经海关许可并且未补缴应缴税额，擅自将批准进口的来料加工、来件装配、补偿贸易的原材料、零件、制成品、设备等保税货物，在境内销售牟利的；

（二）未经海关许可并且未补缴应缴税额，擅自将特定减税、免税进口的货物、物品，在境内销售牟利的。

第一百五十五条 下列行为，以走私罪论处，依照本节的有关规定处罚：

（一）直接向走私人非法收购国家禁止进口物品的，或者直接向走私人非法收购走私进口的其他货物、物品，数额较大的；

（二）在内海、领海、界河、界湖运输、收购、贩卖国家禁止进出口物品的，或者运输、收购、贩卖国家限制进出口货物、物品，数额较大，没有合法证明的。

第一百五十六条 与走私罪犯通谋，为其提供贷款、资金、帐号、发票、证明，或者为其提供运输、保管、邮寄或者其他方便的，以走私罪的共犯论处。

第三百八十九条 为谋取不正当利益，给予国家工作人员以财物的，是行贿罪。

在经济往来中，违反国家规定，给予国家工作人员以财物，数额较大的，或者违反国家规定，给予国家工作人员以各种名义的回扣、手续费的，以行贿论处。

因被勒索给予国家工作人员以财物，没有获得不正当利益的，不是行贿。

第三百九十条 对犯行贿罪的，处五年以下有期徒刑或者拘役，并处罚金；因行贿谋取不正当利益，情节严重的，或者使国家利益遭受重大损失的，处五年以上十年以下有期徒刑，并处罚金；情节特别严重的，或者使国家利益遭受特别重大损失的，处十年以上有期徒刑或者无期徒刑，并处罚金或者没收财产。

行贿人在被追诉前主动交待行贿行为的，可以从轻或者减轻处罚。其中，犯罪较轻的，对侦破重大案件起关键作用的，或者有重大立功表现的，可以减轻或者免除处罚。

张某等寻衅滋事案

【案情介绍】

张某在上学期间与同学秦某松关系较好，并曾帮助过秦某松。因此，张某自认为其对秦某松有恩，秦某松应当知恩图报。但是，在毕业联系工作时，张某请求秦某松帮忙，可是秦某松却没有照张某的意思办。同时，张某向秦某松借钱秦某松也不给。因此张某产生了教训秦某松的想法。

2007 年 6 月 17 日 17 时许，张某得知秦某松要到郑州市惠济区的富景生态园游玩，便电话通知被告人韩某到富景生态园“收拾”秦某松。韩某接到电话后，即骑车带着被告人倪某兴（案发时不满 18 周岁）赶到富景生态园。在富景生态园，张某向韩某指认秦某松后，韩某、倪某兴遂上前对秦某松进行殴打。然后，张某要求秦某松给钱，因秦某松身上钱少，便要走其手机两部，并让其第二天拿钱换回手机，张某、韩某各带走一部手机。后经秦某松索要，张某将一部手机归还，但另一部手机被张某卖掉，赃款被张某和韩某挥霍。经鉴定，两部手机共计价值 1033 元。

后河南省郑州市惠济区人民检察院以被告人张某、韩某、倪某兴犯抢劫罪向郑州市惠济区人民法院提起公诉。一审法院经审理后判决，被告人张某、韩某、倪某兴犯寻衅滋事罪，分别判处被告人张某有期徒刑1年零6个月，判处被告人韩某有期徒刑1年，判处被告人倪某兴有期徒刑6个月。

二审郑州市中级人民法院经审理后认为，原审被告人张某、韩某、倪某兴随意殴打他人，强拿硬要，情节恶劣，其行为均已构成寻衅滋事罪。原审被告人张某、韩某在共同犯罪中起主要作用，均系主犯。原审被告人倪某兴在共同犯罪中起次要作用，系从犯，且犯罪时未满18周岁，依法应当从轻或者减轻处罚。原审判决认定的事实清楚，证据确实充分，定性准确，适用法律正确，审判程序合法，但对原审被告人倪某兴量刑不当。维持郑州市惠济区人民法院对被告人张某、韩某的定罪、量刑及对被告人倪某兴的定罪；对被告人倪某兴改判有期徒刑6个月，缓刑1年。〔1〕

【法理分析】

近年来，“霸凌”“欺凌”成为热词，在网络上，人们感受到校园霸凌事件频发，由于校园同学关系而引发的其他暴力事件也层出不穷。我们不希望曾经痛苦的记忆贯穿青春始终，不能释怀；我们更不希望自己的后代们继续遭受不应有的伤害。校园安全关系到青少年的成长、祖国的未来，该类事件易引发全社会关注。校园环境下的安全，与每个人都息息相关。

与此同时，就统计数据来看，近年来，我国青少年暴力犯罪率不断下降，总体治安形势不断向好。官方认定的青少年犯罪形势与民众感知的青少年犯罪形势之间产生差异，这主要是由于传媒发达，放大了个案的危害所致；从更大的视角看，青

---

〔1〕 司明灯等：“张某等寻衅滋事案——以轻微暴力强索硬要他人财物的行为如何定性”，载最高人民法院刑事审判第一、二、三、四、五庭主办：《刑事审判参考》（总第60集），法律出版社2008年版。

少年犯罪并没有那么严重，总体可控，不用对此过度焦虑。由于个案的影响大而主张对青少年犯罪完全从严的态度不符合科学精神，也不可取。况且，法律尤其是刑法只是社会治理的一环，对青少年的教育更应落在平时，这样才更有针对性。对各类青少年犯罪作出准确地判断和处理，做好各类青少年犯罪的预防，就是面对青少年犯罪的正确态度。

本案在生活中较为常见，被告方与被害方认识熟知，因为琐事产生内心矛盾，之后一方选择作案。本案的主要争议问题有：抢劫罪与寻衅滋事罪在实务中如何界分，进而引发的问题为对该类案件的刑事政策该怎样整体把握。下文笔者将就这些问题具体分析。

一、抢劫罪与寻衅滋事罪的界分

我国刑法中的寻衅滋事罪包含的行为表现有：①随意殴打他人，情节恶劣的；②追逐、拦截、辱骂、恐吓他人，情节恶劣的；③强拿硬要或者任意损毁、占用公私财物，情节严重的；④在公共场所起哄闹事，造成公共场所秩序严重混乱的。该罪名是从 1979 年《刑法》中的流氓罪分解出来的，侵犯的是社会管理秩序。只要符合上述四种表现中的一种，就可构成本罪。一般来说，在情节没有严重到构成其他犯罪的情况下，才考虑构成本罪。

抢劫罪是侵犯双重法益的犯罪，既侵犯公民的财产权，还侵犯公民的人身权，性质更为严重。抢劫罪，是以非法占有为目的，对财物的所有人、保管人当场使用暴力、胁迫或其他方法，强行将公私财物抢走的行为。该罪主要侵犯的是他人的财产权，也损害了他人的生命健康权。之所以我国历来都将抢劫罪看作特别严重的犯罪，主要在于它的手段行为强度大，对他人造成的恐惧感强，造成的后果也更严重。它通过暴力的方式侵犯公民的人身及财产安全，破坏社会安全感，性质严重。

上述两种罪名的区别主要表现在侵犯的法益、行为的严重程度上。从寻衅滋事罪的表现中可以看出，它可以有故意伤害、侮辱诽谤、故意毁坏财物等表现形式，之所以定本罪而不定其他罪名（故意伤害罪、侮辱诽谤罪、故意毁坏财物罪），关键在于它达不到其他罪名的程度标准，且主要侵犯危害的是社会管理秩序。在破坏了社会安宁的地方，就是寻衅滋事罪“出手”的地方，而不只是造成具体个人的伤害。也就是说，寻衅滋事行为对个体的伤害程度可能没那么大，但行为对社会秩序的破坏更大，其危害性波及社会其他成员，让人感受到了困扰。行为侵犯的主要法益的判断要依据事实的发展过程、行为人的主观目的进行综合判断。同样是伤害他人，寻衅滋事罪的主要起因是“找茬”“无中生有”，体现出对社会常识规则的蔑视，而伤害类犯罪就是为了让他人身体受伤、遭受损害，一般出于报复、发泄的动机。与此不同，抢劫罪可以说是暴力行为与最终取财行为的结合，无论取财的目的有无实现，行为人都有“非法占有的目的”，也就是说，该行为是指向财产的，以此为指引去从事暴力、胁迫行为。

对具体案件的分析，就是筛选事实，对应构成要件的过程。与案件定性无关的生活上的争议，不是刑法关注的内容。不能割裂看待每个单独的行为，而要整体判断行为的性质。本案中，被告人张某与被害人秦某松系同学，二人不仅相识，而且还曾经非常要好，上学期间，张某还曾给予过秦某松某些帮助。因此，张某自认为其对秦某松有恩，秦某松应当知恩图报。但是，在毕业联系工作时，尽管张某请求秦某松帮忙，可是秦某松却没有照张某的意思办。同时，张某向秦某松借钱秦某松也不借。

因此张某遂产生了教训秦某松的想法。以上起因表述告诉我们的是，本案是熟人之间引发的，因情谊未得到满足而产生“报复”心理支配下的行动。这与长期谋划、深仇大恨的复仇并不相同。二人的关系是同学关系，产生的矛盾基于校园，都是日常琐事。被告人张某在纠集同案被告人韩某、倪某兴时，即明确提出帮忙“收拾”秦某松一顿。三被告人的主观目的不是由于缺钱花而要非法占有被害人的财物，而是报复、教训被害人。也就是说，被告人的行为不是以“劫财”为目的所直接导向的，而是在教训他人的心态下，顺带要钱，有一种“乘势而为”的心态，这与以非法占有为目的的抢劫有明显区别。此外，这种心态也与预谋已久的企图致对方于死地的犯罪行为完全不同，要从同学之间的交往关系看待问题。

从暴力程度看，三被告人见到被害人秦某松后，所采取的轻微暴力殴打、强行拿走秦的两部手机，并索要钱财等行为，其目的主要是教训、“修理”秦某松。这与抢劫罪所要求的暴力程度也明显不同，后者要达到“足以压制被害人反抗”的程度，本案没有达到。这与上述对其心态的分析相对应。据查明的事实，被告人拿走手机时，还让被害人拿钱赎回，当后来被害人索要时，被告人也归还了一部手机。这些事实都表明被告人索财的目的不那么坚决，对象有变化，行为方式较随意，有一定“玩闹”性，更符合寻衅滋事罪中的“强拿、硬要”。

可见，从行为前后产生的过程看，被告人的动机就是源于曾经要好的同学不提供帮助，目的就是为了“教训、修理”被害人。再看三位被告人，案发时两位刚成年，有一位还是未成年人，属于在校或者离开校门没多久。作为青年人，教训他人的方式多种多样，只要能够让别人恐惧害怕的任何方式都属于这种教训的范畴。当然，具体判断时，还要注意教训的限度，本案的程度属于欺凌的范畴，未达到抢劫的程度。

就取财行为这一点，从其后来的事态发展也能看得出来：张某先是要 1 万元，看秦某松拿不出，于是退一步让秦某松“不行的话拿三条帝豪牌香烟也行”（一条帝豪牌香烟价值近 100 元）。后来张某看到秦某松身上实在没钱，遂又提出让秦某松第二天给其 300 元并拿走秦某松的两部手机作抵押，让秦某松拿钱换手机。后经秦索要，张某又退还了其中的一部手机。因此，这里存在“讨价还价”的行为，类似于“敲竹杠”，而且讨价的余地很大，数额不明确，说明夺取财物的意志没那么坚决，取财也不是其必需的行为目的。三被告人实施的暴力殴打和强拿硬要手机行为，其主观上并不单纯是为了非法占有被害人的财物，而是通过这些方式以实现教训、报复被害人的目的。“敲竹杠”就是为了让他们的报复更逼真、更正式，得到钱和手机只是本案的附随效果。

取财抢劫不是目的，行为人总体是为了教训被害人“解气”，因此，行为人的一系列行为不构成抢劫罪。至于故意伤害罪，本案行为的后果并未让被害人达到轻伤以上的伤害程度，案件后果呈现为财产损失，而且事后还可商量，不符合故意伤害罪的构成。对这种发生在熟人之间、青少年之间的，更像年轻人的“小打小闹”的行为，符合寻衅滋事罪的特征。

根据最高人民法院《关于审理未成年人刑事案件具体应用法律若干问题的解释》第 8 条的规定，已满 16 周岁不满 18 周岁的人出于以大欺小、以强凌弱或者寻求精神刺激，随意殴打其他未成年人、多次对其他未成年人强拿硬要或者任意毁损公私财物，扰乱学校及其他公共场所秩序，只有达到“情节严重”的程度，才以寻衅滋事罪定罪处罚。司法实践中，对于未成年人使用或威胁使用轻微暴力强抢少量财物的行为，一般不以抢劫罪定罪处罚。这就为本案的处理提供了明确的规范依据。本案中几名被告人的行为符合上述司法解释的内容。

本案也不构成敲诈勒索罪。传统上认为，抢劫罪强调两个“当场”，即行为人当场实施暴力、胁迫手段，当场劫取财物；而在敲诈勒索罪中，一般行为人不当场使用暴力，而是多采用要挟方式，也不当场劫取财物，而是要求日后交付财物。但是实际上，敲诈勒索罪的行为人也可能会使用一定的暴力，目的是让对方害怕或让对方支出一定的财物。由此，二者就不好区分了。现在观点多认为，抢劫罪与敲诈勒索罪的行为人都可以当场采用暴力手段，只不过暴力的强度存在差异，抢劫罪的强度显然更高，而敲诈勒索罪的强度低些，更多的是为了要挟对方，进而表明敲诈勒索罪的侵财属性更明显。本案中，行为人对被害人秦某松采用的是先殴打，后要钱的手段，且钱的数量可以讨价还价。按照传统观点，该行为与敲诈勒索罪类似，因为暴力程度达不到足以压制对方的程度，事出有因，且事后让对方继续拿钱换手机。但是，本案发生在认识的青少年之间，暴力程度不高，从行为的种种表现看，侵财不是被告人行为的主要目的，案件的诱发动机就是被害人秦某松不愿意帮助自己，这个同学间没面子的“心结”促成了后续事件的发生，三个被告人的一系列行动都是为了表个态，维护已有的面子，这种轻微暴力以及之后的要钱行为都是为了出“那口气”，与敲诈勒索罪的本质不符。

本案的行为表现属于寻衅滋事罪当中的“随意殴打他人，情节恶劣的”“强拿硬要或者任意损毁、占用公私财物，情节严重的”这两项，被告人的行为体现出了争强好胜、寻求精神刺激的内在目的，以寻衅滋事罪评价是客观和准确的。

在实践中，要注意避免寻衅滋事罪适用的泛化。寻衅滋事罪有沦为新的“口袋罪”的倾向，即司法机关将本来只是违反道德和违反一般社会秩序的行为认定为该罪并判刑。寻衅滋事罪作为妨害社会管理秩序罪的罪名，有其特有的处罚范围，适用该罪，自然也要符合刑法的目的，符合谦抑性原则。简而言之，对于类似本案这种在重罪名和本罪之间存在争议的情况，可“就低”选择该罪，而不能随意将一般治安案件“拔高”适用该罪，因为这将违反罪刑法定原则。本案的二审判决很好地遵循了这一原则，它没有泛化适用寻衅滋事罪，而是将一般的轻微的打人获取财物行为按寻衅滋事罪论处，体现了刑法适用的谨慎性。

二、青少年犯罪的刑事政策问题

我国对未成年人犯罪向来采取宽大为主的刑事政策，坚持“教育、感化、挽救”的方针。未成年人是法律上的概念，而青少年是日常生活中的概念。对青少年整体采取宽大的刑事政策，更符合青少年的身心发展特点，有利于对其改造。

对于社会上出现的严罚青少年犯罪的呼声，主要与公众感知的犯罪形势有关。这里涉及至少两个问题：青少年犯罪真的很严重吗？严罚青少年犯罪就能抑制其发展吗？关于第一个问题，上文已有回应。其实，更多的是媒体信息放大了青少年犯罪，而非真的青少年犯罪很严重。不可否认的是，有的个案确实很严重，但从犯罪整体形势看，青少年犯罪的发展趋势是逐渐放缓的，没有感知的那么严重。立法针对的是普遍性，需要统一一个尺度，而司法针对的是个案，追求实质正义。这二者很多情况下会出现不一致，不能以个案的特殊情况来反对立法。刑事政策的制定执行，面对的是整体的青少年犯罪情况，应该保持谨慎平和。对于第二个问题，罪与刑之间的关系不是直线式的，影响犯罪的因素有很多，期望通过严罚策略就能抑制住犯罪的做法已被实践检验是无效的。青少年心理具有更大的易变性、不稳定性，易受外界影响，他们有很多非理性的想法，情绪波动经常会影响他们的判断，相伴随的是，他们的刑罚承受能力也较弱，严厉处罚也很难抑制他们的冲动。此外，惩罚不是最好的选择，犯错的青少年未来仍要回归社会，接受社会的检验，处罚过重会使其在监禁环境下“交叉感染”，难以复归社会，造成更大的危害，为未来留下隐患。对犯罪人来说，他们往往具有侥幸心理，其并不畏惧严厉的惩罚，只是期望自己不被抓住。青少年的身心发育特点不同于成年人，其犯罪原因更是多样的，家庭在这个过程中应承担更多责任。一味依赖刑罚甚至只用刑罚手段，不仅会导致刑罚的无效，还会导致未成年犯罪人的逆反心理。

我国针对青少年犯罪的现有刑事政策仍应当延续，对青少年犯罪的认定要严格把握，相较于成年人犯罪对其从宽处罚，符合罪责刑相适应原则。对青少年犯罪以教育为主，有利于特殊预防效果的实现。教育好了，青少年犯罪人能更快再社会化，进而认同社会规范，遵守社会规范，成长为合法公民。

从一般预防看，刑罚效用的发挥不在于其严厉性，而在于其不可避免性。刑罚适用及时到位，对不同违法犯罪行为适用不同档次有梯度的刑罚，就能发挥其应有的作用。

本案中，多名被告人中有的是未成年人，有的刚成年，总体思想不成熟，“哥们儿义气重”，看重所谓朋友的交情，法律意识淡薄。他们思想不健全，可塑性强，可改造的空间大，因此对其不判处重刑，不选择惩罚为主的策略是合适的。我们适用刑法的目的不是制造新的犯罪人，对于大量犯罪人来说，总归是要出狱回归社会的，因此选择对其最适合的复归社会的方法，才是当下治理青少年犯罪的理性之路。

我国的《未成年人保护法》《预防未成年人犯罪法》旨在全方位保障未成年人健康成长，回应社会关切，抑制青少年犯罪。尤其值得一提的是，我国在修法中尝试建立未成年人犯罪的罪错分级干预体系，重在预防和发现未成年人的不良行为，让家庭、学校、社会尽早介入，以免发生更大的危害，造成更大的损失。这些系统性制度的建立有助于从“根”上减少青少年犯罪，比单纯的修改刑法加大惩罚作用要大得多。

三、对寻衅滋事罪适用的思考

近年来，寻衅滋事案件多发。被司法机关以寻衅滋事罪定罪的被告人越来越多，涉及的事项也呈扩散之势。网络寻衅滋事、闯收费关卡不交费还拍视频炫耀、街头随意殴打他人拍摄、网络上的地域歧视、造谣污蔑等行为都被定为寻衅滋事罪，一时间，网络争论频起，对该罪名的质疑又进入了新的阶段。

立法上，寻衅滋事罪是从 1979 年《刑法》中的流氓罪分化而来的，而且它本身就是流氓罪的主要成分之一。1979 年《刑法》中的流氓罪在 1997 年《刑法》中被分解为聚众斗殴罪、聚众淫乱罪、寻衅滋事罪、强制猥亵侮辱罪等罪名，此立法的初衷是限定各罪名的适用范围，避免罪名的随意适用，“口袋化”。但相比于其他罪名，寻衅滋事罪的表现形式多样，打骂闹等多种形式均被涵盖，情节要求不明确。具体哪些情况应以罪论处，需要办案人员主观判断，而这种主观判断的依据并不明确。此外，《治安管理处罚法》中也有寻衅滋事的规定，该种违法行为的表现与刑法中的规定几乎一致，只有程度的差别。行刑衔接亟待加强。

在司法上，寻衅滋事罪的界限仍然较为模糊，需要结合政策要求和现实情况进行价值判断，这种判断存在模糊的地方，比如“公共空间”的范围有多大。曾经关于网络平台是否构成公共空间的争论，直接关系到网络上寻衅滋事罪能否成立，进而关系到网络发言的尺度问题；还如专门的讨债公司为了讨债长期滞留他人办公场所，是否构成寻衅滋事罪，与该公司能否被认定为恶势力密切相关。这些规范上的不确定以及变化特征，使得各地法院在寻衅滋事罪的适用时，标准尺度掌握不一，甚至出现不该剥夺他人人身自由而剥夺的情况。

在实践中，要特别注意寻衅滋事罪的认定，合理界分治安违法行为与犯罪的界限，让道德的归道德，法律的归法律，发挥舆论的力量。寻衅滋事罪与故意伤害罪、侮辱诽谤罪等都有相似的表现，不能只看到有客观的行为就直接定罪，否则会破坏我国当下二元式的立法认定模式。

寻衅滋事罪的成立与否关键看是否达到“性质恶劣”的标准，这是该罪的定量因素。所谓“性质恶劣”，不能只看是否造成了社会影响，而是要看实害结果，对被害人、对社会造成了什么具体危害。一切严重后果应能具体化，防止以虚无的思想作为定罪的依据。合理控制寻衅滋事罪的适用范围，是在保护法治，也是在保护社会大众的基本生活空间。

【法条链接】

《刑法》

第二百九十三条 有下列寻衅滋事行为之一，破坏社会秩序的，处五年以下有期徒刑、拘役或者管制：

（一）随意殴打他人，情节恶劣的；

（二）追逐、拦截、辱骂、恐吓他人，情节恶劣的；

（三）强拿硬要或者任意损毁、占用公私财物，情节严重的；

（四）在公共场所起哄闹事，造成公共场所秩序严重混乱的。

纠集他人多次实施前款行为，严重破坏社会秩序的，处五年以上十年以下有期徒刑，可以并处罚金。

第二百六十三条 以暴力、胁迫或者其他方法抢劫公私财物的，处三年以上十年以下有期徒刑，并处罚金；有下列情形之一的，处十年以上有期徒刑、无期徒刑或者死刑，并处罚金或者没收财产：

（一）入户抢劫的；

（二）在公共交通工具上抢劫的；

（三）抢劫银行或者其他金融机构的；

（四）多次抢劫或者抢劫数额巨大的；

（五）抢劫致人重伤、死亡的；

（六）冒充军警人员抢劫的；

（七）持枪抢劫的；

（八）抢劫军用物资或者抢险、救灾、救济物资的。

第二百七十四条 敲诈勒索公私财物，数额较大或者多次敲诈勒索的，处三年以下有期徒刑、拘役或者管制，并处或者单处罚金；数额巨大或者有其他严重情节的，处三年以上十年以下有期徒刑，并处罚金；数额特别巨大或者有其他特别严重情节的，处十年以上有期徒刑，并处罚金。

最高人民法院、最高人民检察院《关于办理利用信息网络实施诽谤等刑事案件适用法律若干问题的解释》

第五条 利用信息网络辱骂、恐吓他人，情节恶劣，破坏社会秩序的，依照刑法第二百九十三条第一款第（二）项的规定，以寻衅滋事罪定罪处罚。

编造虚假信息，或者明知是编造的虚假信息，在信息网络上散布，或者组织、指使人员在信息网络上散布，起哄闹事，造成公共秩序严重混乱的，依照刑法第二百九十三条第一款第（四）项的规定，以寻衅滋事罪定罪处罚。

第八条 明知他人利用信息网络实施诽谤、寻衅滋事、敲诈勒索、非法经营等犯罪，为其提供资金、场所、技术支持等帮助的，以共同犯罪论处。

独子杀害双亲案

【案情介绍】

儿子张某自幼缺少母爱，从小与其祖母生活在一起，感情极深。张某的母亲李某管教子女方式粗暴，对长辈态度也不好，还曾经殴打、用刀砍张某的祖母，并将其祖母居住的房子欺骗过户到自己名下。张某的父亲张某甲性格软弱，对李某的行为一直放纵不管。张某对其母李某殴打其祖母、将其祖母居住的房子欺骗过户和采用暴力管教的行为积怨已久。张某是因为上述家庭矛盾，在精神上已不堪忍受。

2007 年 9 月，张某的朋友向其借钱，张某向父母隐瞒，未经父母同意以家中房产证作抵押从银行贷款人民币 6 万元，并将部分贷款出借给其朋友，剩余部分全部挥霍。张某甲、李某得知后，经常对张某大加责骂。张某不堪忍受，遂计划杀害张某甲、李某。

2008 年 10 月 12 日，张某通过其同事找来一包“毒鼠强”。18 时许，张某将从淮北市“和美豆浆大王”快餐店购买的紫菜蛋汤等三个菜，带回家中供张某甲、李某食用，并将“毒鼠强”放入紫菜蛋汤后借故离开。20 时许，张某返回家中看见张某甲、李某已呈中毒症状，便从房间找来一根背包带，勒张某甲颈部，后又在房间找来一把单刃尖刀，刺张某甲颈部一刀，刺、割李某颈部数刀，致张某甲、李某死亡。

经法医鉴定，张某甲系被他人投毒后用柔软条状物体勒颈，致毒鼠强中毒合并机械性窒息死亡；李某系被他人投毒后用锐器刺戳、切割颈部致毒鼠强中毒合并失血性休克死亡。

这起独子杀害父母的案例引发了社会关注，这个家庭的悲剧更令人遗憾、发人深省。〔1〕

【法理分析】

杀害双亲，违反人伦，罪行看似令人发指，但深究其中的内幕，又有多少是是非非，剪不断、理还乱。虽然说家长里短不是刑法规制的范畴，但是家庭纷争解决不好，终将酿成不可挽回的大祸，刑法终究要管。刑法在最后关头要决定一个人的生死，做最后的判官，不得不权衡各方利益，做对得起良心的选择。希望这样的家庭悲剧能够不再发生。

一、故意杀人案死刑裁量的一般标准

死刑，是最严厉的刑罚。我国不断推进死刑制度改革，减少死刑罪名数量并谨慎判决每一起死刑，这一系列措施既表明我国对死刑的认知渐趋理性，更表明我们对生命的尊重。即便死刑制度正在衰落中，也不意味着在当下的中国不能判处死刑，不意味着我国已在事实上废除死刑特别是暴力犯罪的死刑。在保留死刑的语境下，司法官还要对死刑类案件作出判决，那么当判则判，是其应当遵守的原则；不能因为个人认为死刑应当废除，就把应然的理念作为不判死刑的现实依据。当然，对死

〔1〕 王俊永、丁贤飞："受宠独子残杀亲生父母"，载《新安晚报》2009 年 2 月 14 日。

刑的判决应当慎之又慎，这是应该的。

与其他经济类犯罪、非暴力型犯罪、暴力非致死型犯罪相比，该类犯罪手段、强度、后果都最为严重，直接导致死亡结果的发生，把其作为保留死刑的最后环节，符合罚当其罪的要求。

根据我国《刑法》的规定，我国死刑适用的标准为“罪行极其严重”。这一标准通用于死刑立即执行与死刑缓期二年执行。罪行极其严重，具体指行为的客观危害极其严重、行为人的主观恶性极其严重、人身危险性极大。也就是说，这是一个主客观综合统一的标准，必须各方面都达到最为严重的标准，行为人才可适用死刑，因为死刑是不可逆的刑罚。“罪行极其严重”的标准与 1979 年《刑法》中死刑的“罪大恶极”的标准实质一致，都是客观与主观相结合的判断标准。

故意杀人罪，在客体上侵犯了他人的生命权。剥夺生命最为严重，且该后果不可逆。该罪在客观方面表现为一切可以非法导致他人死亡的行为，包括作为和不作为。主体上，任何年满 12 周岁具有刑事责任能力的自然人都可以构成本罪；主观方面，行为人持故意心态，即明知自己的行为可能或必然导致他人死亡的结果，却仍希望或放任这样做。故意杀人罪中的“人”必须是他人，自杀行为不可罚，因此没有实质导致他人死亡的，而只是在他人自我决定自杀的过程中起推动作用的，也不以犯罪论处。

本案中，从整个犯罪过程看，张某因家庭矛盾无法忍受而预谋杀害其父母。他杀人的手段包括毒杀、凶器杀两部分，且对二人都实施了，足见行为人对死亡结果的希望、决绝。以杀死父母为目的导向，坚定实施，直到完成犯罪，这一系列行为完全符合故意杀人罪的客观方面，侵犯了其父母二人的生命权。

从结果看，经鉴定，父亲张某甲系被他人投毒后用柔软条状物体勒颈，致毒鼠强中毒合并机械性窒息死亡；母亲李某系被他人投毒后用锐器刺戳、切割颈部致毒鼠强中毒合并失血性休克死亡。也就是说，多重原因导致了张某父母死亡，而这多重原因都是行为人张某造成的，死亡结果完全归于张某。从作案的手法、意志的坚决程度、导致的后果等综合来看，本案都属于情节特别严重。从主体看，行为人具有刑事责任能力，且已满12周岁。根据查证的情况，行为人已满19周岁，可承担完全刑事责任。张某的主观方面是故意，而且是直接故意，说明其主观恶性足够大。综上，张某的行为构成故意杀人罪没有争议。

由于我国《刑法》没有区分谋杀罪、普通杀人罪，也没有将杀人罪再进行分级，所以无论怎样预谋，都不是故意杀人罪的构成要件；由于我国《刑法》没有按对象区分普通杀人罪、杀害尊亲属罪，所以不会因为杀人对象的不同而改变罪名，进而刻意加重处罚；由于我国《刑法》对同种数罪不并罚，所以杀害多人的，仍定一个故意杀人罪。

从伦理上看，杀害生育养育自己的父母是大不孝，是晚辈对长辈的侵害，以下犯上，违反伦常，导致家庭不完整，更凸显残忍性。从现行法律上看，杀害亲属的故意杀人罪与普通的故意杀人罪一样处罚，并不会因为对象的不同而加重。现代刑法已将法律与道德相分离，传统道德观并不能成为对行为人加重处罚的依据，更何况，为什么杀害父母，背后的原因更值得关注。对本案的处理，还是要以现行法为依据，从当下的社会大环境出发，以最大限度化解矛盾、解决纠纷的角度，对本罪定罪量刑。因此，本案的定性为普通的故意杀人罪无问题，而且法定从宽处罚情节比较少。

二、关于本案的死刑适用问题

故意杀人案在实践中的情况非常复杂，特别是在我国这种单一杀人罪名、又保留死刑的国家，对故意杀人罪的判罚要更为细致慎重，即便都是出现致人死亡的结果，也不是一句“杀人偿命”就能解决问题的。

故意杀人案如果涉及死刑问题，则要综合考虑天理、国法、人情。司法机关在作出裁量时，要综合考虑行为的社会危害性和行为人的人身危险性，并面向未来，考虑预防必要性。办案要求“案结事了”，即社会矛盾化解，如果案件办完，仓促判了死刑，结果造成更大的家庭、社会矛盾，那么案件效果也不好。

故意杀人案件的裁量中经常出现既有从重处罚情节，又有从轻处罚情节的情况。故意杀人罪的难点在于被害人有过错的、杀害多人的情况，如果这些情况混合在一起出现，则判决更为艰难。张某在本案中就杀害了其父母二人，数量超过一人，在实践中对这种情况一般会当作从严情节对待。一般观点认为，“孩子竟敢杀害生自己养自己的父母，对自己最亲的人都毫无珍惜与敬畏之心，对社会上的其他人又怎么能敬畏，又怎么能有底线呢?”光看这些因素，似乎本案的性质属于客观危害极其严重的情形。

但本案具有诸多特殊之处：犯罪发生在近亲属之间；诱发案件发生的原因较为复杂；被害人存在一定过错；被告人犯罪时刚满 19 周岁，刚过可以判处死刑的年龄；其社会危害性、对社会公众安全感的影响均与严重危害社会治安犯罪有所不同。对于上述特殊情况，要客观、全面、综合把握，以贯彻落实宽严相济的刑事政策，科学体现罪责刑相适应原则。审理过程中，最高人民法院在全面了解一审、二审审理情况的基础上，组织父系、母系被害双方和当地社区居委会、社区群众进行多次座谈，并最终作出了维持终审判决的裁定。[1]以上这些情节可以说都属于可从宽处罚的情节，这些情节有案件诱发因素、被告人个人因素、社会因素、预防必要性因素等，具有综合性。

即便是杀害父母双亲这样的从严情节，也有其他的解释角度，可被看作综合评价社会危害性的因素。因为，家庭成员间的杀人案事出有因，没有向社会溢出的因素，对周边环境和社会整体的影响较小，几无再犯可能，预防必要性低，社会危害性与其他的故意杀人案相比，整体较低。杀害双亲看似是对最亲近的人下手，却恰恰说明家庭内部积怨较大，生活共同体成员间的矛盾激化，而对家庭以外的人，则没有杀伤的诱发因素，不会导致其他危害结果发生。家庭成员矛盾导致的案件，能将案件影响“锁”在家庭领域，且被害人就是直接触发矛盾的人。这样来说，从严情节所反映出的问题放到社会上，反而没那么严重。

再看看案发后的情况，本案被告人是二被害人的独生子，母系被害方不再坚决要求判处被告人死刑立即执行，父系被害方坚决要求不判处死刑立即执行，社区群众也希望不判处死刑立即执行，从社会矛盾化解角度分析，判处被告人死缓更能实现法律效果和社会效果的有机统一。张某的祖母因本案已经失去了儿子、儿媳，若对张某再判处死刑立即执行，对其意味着断子绝孙。本来完整的家庭，一家三口若全部逝去，剩下的只有孤苦的老人，这也是人间最大的悲剧。我国向来重视传统家

---

〔1〕 李萍、李剑弢：“张某故意杀人案（第761号）——如何在近亲属之间的杀人犯罪案件中贯彻宽严相济刑事政策和体现罪责刑相适应”，载中华人民共和国最高人民法院刑事审判第一、二、三、四、五庭主办：《刑事审判参考》（总第88集），法律出版社2012年版。

庭关系，让人完全断了家庭传承还留下无法照顾的老人，全社会都难以接受这样的结局。从这个意义看，保留被告人的生命有现实、伦理的考量。有学者曾提出，对独生子女判处死刑立即执行要慎重，因为这对其家庭所造成的灾难性影响相当于刑法承认了“替代责任”。“有些利益，诸如养儿防老，会因社会养老和保险等公共福利增加而弱化，但基于亲子关系的生物意义，以及与此关联的社会意义（精神慰藉）则难以弱化。这类利益迟早会在社会层面凸显，要求立法关注，因此应当进入法学人/法律人的视野。”〔1〕对独生子女完全不判死刑“一刀切”的做法似乎违背了刑法面前人人平等的原则，只因为身份不同就判处不同的刑罚没有法律依据。但是，该种观点又有一定合理性，它基于中国传统伦理产生，给了社会一个可以理解的结果，也是特殊政策下为了维护人伦的无奈选择。刑法制度的设计不是为了破坏社会、破坏家庭，让家庭的延续受损，让家属亲人遭受二次伤害，绝不是刑法的初衷。我们在打击犯罪时，应当考虑案件的目的性因素，不能就个人论个人。何况，刑法对一些特殊群体区别对待，给予从宽政策，是有先例的。刑法明确对未成年人、已满 75 周岁的老人、怀孕的妇女等给予特殊处遇，正是看到了这些群体的不同，出于刑事政策的考量，对独生子女——中国这一特有历史群体专门考虑，分情况对待，符合实质正义，并不唐突。当然，若采纳这种观点，在当下还是要根据个案判断，未来应尽量明确限缩案件范围，明确哪些案件应排除考虑独生子女这一身份因素。

被害方的态度不是决定死刑裁量的决定因素。在实践中，要综合考虑被告人是否真诚悔罪、赔礼道歉、积极赔偿，被害

---

〔1〕苏力：《是非与曲直——个案中的法理》，北京大学出版社 2019 年版，第 112 页。

方是否谅解，并结合全案的社会影响，来确定是否适用死刑立即执行。本案中，案件发生在家庭成员之间，被告人的母亲在孝敬父母、为人处世、对待家庭生活方面都存在较大的缺陷，在家庭内部产生了很坏的影响，被告人对自己母亲的上述行为一直看不惯，记在心上；被告人从天然的朴素正义感出发，认为母亲做得不对。后来母亲遇事对被告人的责骂行为只是最终的诱发因素，被告人对母亲的不满积累其爆发。可见，被告人的杀人行为就是冲着母亲来的，由于父母在一起生活，父亲软弱，也未能及时制止母亲的不当行为，被告人要想完成杀害母亲，就要把父亲也杀掉。在手段上，被告人对母亲也更为凶狠。正因为此，矛盾的症结在母亲，父系被害方坚决要求不判处死刑立即执行，母系被害方不再坚决要求判处被告人死刑立即执行，都可以理解。这些意见与案件的源起相照应，符合真实的情感逻辑。既然如此，被害双方的意见对于之后家庭关系的恢复非常重要，采纳这种意见有利于恢复家庭关系秩序，也不会对家庭以外其他人造成不良影响。这种家庭的犯罪不同于纯社会的犯罪，从预防效果看，本案的诱发源于特殊的家庭矛盾，不具有面向社会的扩展性，对被告人的特殊预防必要性低；对社会其他人的案发可能性低，其他人效仿可能性低，因而一般预防必要性也低。与其他重大恶性杀人罪相比，本罪存在一些可宽宥因素，因为被告人长期忍受其母亲的种种不当行为，被害人存在过错，该种责任成了案件的主要诱发因素。

从被告人个人所处的家庭环境看，判处其死刑对其未来家庭成员的影响更大。被告人如果再不在，长辈将无人照顾，相当于置长辈于不顾，让其承担多重痛苦和负担，而这已超出本案惩罚的意义，并不可取。

由此，本案事出有因，犯罪目标明确，对家庭以外成员的社会危害性并不大，从而彰显出行为人的人身危险性未达到极其严重的程度。从刑罚效果看，判处死刑立即执行不仅难以起到一般预防的效果，反而会使其家庭权益遭受二次损害，会造成更大的“恶”。既然如此，对本案被告人不判处死刑立即执行符合各方利益，是合适的。

三、本案带来的其他启示

家庭暴力问题发生于有血缘、婚姻、收养关系的家庭成员间，它不仅是“家务事”，还是潜藏于社会机体的“炸弹”，处理不及时还会诱发一系列严重的后果。传统的家庭暴力多发生在夫妻之间，女性往往成为家暴的受害者。近年来，家暴发生的范围有所扩展，男性与女性，长辈与子女之间都可能发生。越来越多的家暴受害者愿意把自己的经历告诉公众，我们发现，曾遭受家暴的受害者范围非常广。经受长期家暴事件的受害者身心受到损害，留下不可消除的印记，还可能在长期压抑的环境下爆发，发生更严重的犯罪。我国已发生多起家暴受害者杀害施暴人或家庭亲属的案例，这足以警醒全社会，家暴不除，社会不稳。

2015年12月27日，第十二届全国人大常委会第十八次会议表决通过了《中华人民共和国反家庭暴力法》。作为中国第一部反家暴法，该法于2016年3月1日起施行。我国《刑法》中对家暴类犯罪的规制体现在虐待罪、遗弃罪、故意伤害罪、故意杀人罪等各项罪名。反家庭暴力法是我国反家暴领域的基础性法律，刑法是社会的最后一道防线，它们共同筑牢堤坝，维护家庭关系的底线。只有法律及时介入，家暴受害者才能得到及时救治，家暴产生的“次生灾害”才能被进一步避免。

“清官难断家务事”，家庭关系复杂多样，矛盾积累诱发的情形外人很难说清。一旦发生司法案件，司法官应当全面考察案件发生的起因、通常家庭关系、被告人采用的手段、被害人遭受的损害、各方过错、事后态度等因素，综合评判是非曲直，以确定各方责任。刑事责任都是个人责任，发生了重大悲剧如果都通过判死刑的方式让被告人个人完全承担，治标不治本，无疑不是在制造新的悲剧。分清各方责任，是为了罚当其罪，让诱发事件的人都能反思，更是为了避免悲剧的再次重演。从这个意义上说，家暴、家庭矛盾，不单是一个家庭的事，及时治理比不治理好，分清责任比让个人“背锅”好。只有小的隐患都被排查遏制，才不致发展成刑事案件。

办案的目标重在“案结事了”，在死刑的适用上，对于熟人间、家庭成员间、社区乡村成员间发生的案件，应尤为慎重。对于“有因”的各类案件，要与社会上发生的随机、无差别的凶杀案件区别开来，从修复受损的社会关系出发，为行为的法益侵害性定性，谨慎适用死刑立即执行。本案审判贯彻了宽严相济的刑事政策，考虑到了家庭构成的特殊情况，值得肯定并借鉴。

【法条链接】

《刑法》

第二百三十二条　故意杀人的，处死刑、无期徒刑或者十年以上有期徒刑；情节较轻的，处三年以上十年以下有期徒刑。

最高人民法院《全国法院维护农村稳定刑事审判工作座谈会纪要》

（一）关于故意杀人、故意伤害案件

要准确把握故意杀人犯罪适用死刑的标准。对故意杀人犯罪是否判处死刑，不仅要看是否造成了被害人死亡结果，还要综合考虑案件的全部情况。对于因婚姻家庭、邻里纠纷等民间矛盾激化引发的故意杀人犯罪，适用死刑一定要十分慎重，应当与发生在社会上的严重危害社会治安的其他故意杀人犯罪案件有所区别。对于被害人一方有明显过错或对矛盾激化负有直接责任，或者被告人有法定从轻处罚情节的，一般不应判处死刑立即执行。

要注意严格区分故意杀人罪与故意伤害罪的界限。在直接故意杀人与间接故意杀人案件中，犯罪人的主观恶性程度是不同的，在处刑上也应有所区别。间接故意杀人与故意伤害致人死亡，虽然都造成了死亡的后果，但行为人故意的性质和内容是截然不同的。不注意区分犯罪的性质和故意的内容，只要有死亡后果就判处死刑的做法是错误的，这在今后的工作中，应当予以纠正。对于故意伤害致人死亡，手段特别残忍，情节特别恶劣的，才可以判处死刑。

梁丽“捡拾”金饰案

【案情介绍】

2008年12月9日8点20分许，广东省东莞市金龙珠宝公司26岁的员工王某携带7件行李来到深圳机场B号候机楼二楼19号值机口办理登记和托运手续，准备乘坐CA1306航班前往北京。装有金饰的小纸箱放在手推车上方的篮子里，安检人员以黄金属于贵重物品为由拒绝托运，王某跑到距离19号值机口22米远的10号值机主任处咨询。此时，装有14 555.37克黄金首饰的小纸箱的手推车仍在19号值机台前，并单独停放在柜台前1米的黄线处。

现场监控视频显示，王某离开33秒后，机场清洁工梁丽出现在手推车旁。大约半分钟后，梁丽将纸箱搬进机场一间厕所。王某约4分钟后返回，发现纸箱不见了，随即向公安机关报警。

9时40分，梁丽早餐时告诉同事捡到了一个纸箱，同事查看后说里面是黄金首饰，并取走其中两小包。14时许，梁丽将纸箱带回住处。16时许，同事通知梁丽，丢失黄金的旅客已报警。

18时许，民警到梁丽家询问其是否从机场带回物品。梁丽予以否认，民警对梁丽进行劝说，但直到床下存放的纸箱被发现，梁丽才承认纸箱是从机场带回的。当民警继续追问是否还有首饰未交出，梁丽仍予以否认。民警随后从梁丽丈夫的衣服口袋内查获另一部分黄金首饰。民警将这些黄金首饰带走，经鉴定，纸箱内黄金首饰价值300万元，尚有136.49克黄金首饰去向不明。

2009年1月14日，梁丽因涉嫌盗窃罪被批捕。3月12日，深圳市公安局向深圳市人民检察院提交起诉意见书。

2009年5月11日，《广州日报》刊发《清洁工“捡”14公斤金饰或被起诉》一文，迅速在社会上引起热议。梁丽究竟是“偷”还是“捡”引起了广泛争论。法学界众多学者纷纷发表观点，并有超过300万网民参与了有关此事的网络调查。

5月15日，深圳市公安局召开新闻发布会，对外宣称梁丽盗窃“证据确凿，事实清楚”。舆论对梁丽案的议论更加白热化，并一边倒地同情梁丽。

2009年9月10日梁丽被取保候审。半个月后，深圳宝安区检察院以梁丽构成盗窃罪证据不足为由，撤销取保候审。

深圳市检察机关审查研究后认为，梁丽的行为虽然也有盗窃的特征，但构成盗窃罪的证据不足，更符合侵占罪的构成特征。根据“刑疑唯轻”的原则，从有利于梁丽的角度出发，检察机关认定梁丽不构成盗窃罪。由于侵占罪不是检察机关管辖的公诉案件，属于自诉案件，即“不告不理”。检察机关于9月25日解除对梁丽的取保候审，将本案退回公安机关，并建议公安机关将相关证据材料转交自诉人。10月10日，深圳市公安局机场分局撤案。〔1〕

【法理分析】

一个机场清洁工，一箱金饰，一项罪名，这距离很远的三

〔1〕 王纳、高靖：“梁丽捡金案昨正式撤销　当事人不追究其责任”，载《广州日报》2009年10月11日。

者本来凑不上关系，却由于一个偶然的机会凑到了一起，引发了一起话题度极高的案件。现实中本事件已撤案结尾，但留给人们的思考却远没有终结。

本案曾经被媒体报道，也曾引发很多学者讨论。案件虽小，带来的争点却很多，具有典型性，值得多年后我们继续深入讨论。

一、事实不明导致对案件定性差异

梁丽“捡拾”金饰案在法律定性上最值得争议的是对财产类犯罪的界分。当时本案经媒体披露后，先后有不当得利说、盗窃罪说、侵占罪说等几种观点。要厘清这几种观点的争议，首先要明确当时的情况是怎样的，即原有金饰是怎样脱离失主控制的，梁丽又是怎样获得其控制的，该行为是否属于占有。

从事实情况看，梁丽一方的说法与警方的说法并不相同，这些事实差异直接影响到案件的定性。关键事实不同，结论可能南辕北辙。案件的定性要建立在法律真实之上，要想分清是非，首先要厘清事实，特别是案发的位置、先后顺序、财物的大小、当时财物的状态等内容。

梁丽一方说，案发当时，见到一名 50 岁左右的女子带着一个小孩，小孩坐在一行李手推车的篮子上，后两人与另一名年轻女子匆忙进入安检口离开。当时，行李手推车篮子内放着一个小纸箱（即涉案纸箱），过了三四分钟后见无人来取，她以为是旅客不要的，未询问任何人后即将小纸箱搬到自己的清洁手推车上。

而按照深圳市宝安区检察院的说法，根据被害人陈述、相关证人证言和现场监控视频显示，案发当时，放有涉案纸箱的行李手推车被被害人王某单独停放在 19 号柜台前 1 米的黄线处，与最近的垃圾桶尚有约 11 米的距离。视频显示梁丽搬走行李手推车上的涉案纸箱前，手推车旁并未发现有其他人员在场，不存在梁丽所说的情况。根据被害人陈述、相关证人证言和现场监控视频显示，被害人离开19号柜台的时间与梁丽到达19号柜台发现放有涉案纸箱的行李手推车的时间相距约半分钟。其后，从梁丽查看涉案纸箱到将纸箱搬离19号柜台，共持续约半分钟。

以上差异对判断纸箱事实上由谁占有至关重要。如果原失主离开纸箱，隔了一段时间没有来取，且原失主已进安检口，从机场的运行实践推知，该纸箱已属无人要的财产。进入安检口表明原失主要乘飞机离去，显然不准备再要安检口外的物品了。此外，若物品的位置离垃圾箱很近，长时间未见有人领取的，从生活经验可知，该物品就属于无人占有了。而按照后来当地检察院的说法，纸箱是放在手推车上的，手推车就在值机柜台前黄线处，此处离垃圾箱很远，原失主离开手推车与被告人发现手推车的时间极近，那么该种情况下，按照一般生活经验推知，手推车上的财物还归原失主占有。就如同校园里的学生拿书包在食堂占座，即便其去窗口打饭，座位上的书包仍视为学生自己占有，而不是无主物或者由看到该书包的其他人占有。校园食堂与机场都属于公共空间，只不过，机场内的人员流动性更大，空间更开阔而已。

可见，关键事实的差异会直接影响到本案中的财物在失去控制时，由谁占有的问题，而这又关系到具体犯罪客观表现方式的认定，进而影响到犯罪性质的认定。

不当得利是民法上的术语，它强调的是没有合法理由的获取利益的行为，行为人应当返还相关利益并承担相应的民事责任。若是真正在路上捡到他人落下的钱财，就属于不当得利。盗窃罪与侵占罪都是《刑法》上的罪名，它们都依赖于对当时财物状态的确认，因此，在不同事实状况下，结论自然也不同。下文将主要依赖于事后查明的已确认的事实来分析本案。

二、盗窃罪与侵占罪的具体界分

盗窃罪与侵占罪都属于刑法中的侵犯财产罪，盗窃罪在日常生活中更常见。与其说盗窃罪多发，不如说盗窃行为被发现得多，更易被大众所察觉告发。盗窃罪曾经是我国每年犯罪数量最多的犯罪，足以说明其常见性。侵占罪的表现形式也不复杂，只不过，有些人没把侵占当罪，有些侵占行为没有被告发，所以在司法中以侵占罪定性的案例相对较少。

盗窃罪，是指以非法占有为目的，以平和手段转移财产占有的行为，根据《刑法》规定，盗窃数额较大的，或者多次盗窃、入户盗窃、携带凶器盗窃、扒窃的，都属于入罪条件。对普通的盗窃罪来说，我国《刑法》要求“数额较大”，即以数额的方式区分一般违法的偷盗行为与作为犯罪的盗窃罪。盗窃罪在生活中被称为“顺手牵羊”，这个成语形象地表明，把别人的东西顺走就是盗窃，在规范上就是破坏他人的占有，建立自己的新占有。

关于盗窃罪，长久以来，我们存在着盗窃罪是否要“秘密”窃取这一要件的要求。从体系解释角度看，对盗窃罪的解释要将其与抢夺罪、故意毁坏财物罪等区分开来。盗窃罪属于获取财产型犯罪，所以要以非法占有为目的，有对财物的利用意思，这与故意毁坏财物罪不同。抢夺罪重在“抢”，传统上认为抢夺罪要公然夺取，而盗窃罪是秘密窃取。虽然近年来有不少学者开始认为盗窃罪可以以公开方式进行，逐步放弃盗窃罪的秘密窃取要件，但本书仍坚持盗窃罪的“秘密”窃取说。这是因为，第一，通说观点能准确区分盗窃罪与抢夺罪，与我国的立法规定相一致。主张公开盗窃观点的国家，往往没有另行规定抢夺罪，其盗窃罪所包含的侵财行为范围大。第二，通说观点符合历史解释的原则，在古代汉语中，盗窃原名“窃”盗，盗表明对财产的侵犯，窃的意思就是“秘密的”，用来修饰“盗”。第三，司法解释和实务相关案例仍然都坚持盗窃罪的秘密性，坚持这一点并不会导致处罚的漏洞。

当然这里的“秘密”指的是行为人自认的秘密，即其自以为他的行为是非公开的，尚未被他人发现的，手段是平和的。只要自己认为是秘密的，即便立即被他人发现抓获，那也属于盗窃。否则，在当下摄像头密布的环境里，就都难有秘密可言了。盗窃罪的本质，就是行为人采用自以为秘密的方式，破坏他人对财物的占有，建立自己的新占有。这就意味着，本罪的对象在案发时财产属于被他人占有的状态。

至于盗窃罪与侵占罪的区分，二者的量刑差异足以表明法益侵害程度的差别。侵占罪是告诉才处理的犯罪，是行为人本就有权占有，只是占着不还；盗窃罪是行为人无权占有，破坏他人占有。具体而言，侵占罪是指以非法占有为目的，将代为保管的他人财物、遗忘物或者埋藏物非法占为己有，数额较大，拒不交还的行为。所以，侵占的对象是保管物、他人的遗忘物、埋藏物。侵占罪中的保管物是指基于各种法律上和事实上的原因，财物的所有人、持有人以合法方式将财物的占有权转移给行为人。〔1〕也就是说，获得占有要合法，这点与盗窃罪不同。至于他人的遗忘物、埋藏物，指的是行为人获得了他人的遗忘物或埋藏物，却不知道物主是谁的情况。同样，获得占有的过程不能是非法的。

---

〔1〕《刑法学》编写组:《刑法学》(下册 · 各论)，高等教育出版社 2019 年版，第 168 页。

所以，盗窃罪与侵占罪的主要区别在于对“占有”的判断。盗窃罪发生时，财产脱离原主人占有，变为由行为人非法占有。也就是说，行为人破坏了原有的占有关系，并建立了自己的新占有。而在侵占罪中，行为人占有财产时，财产或者是无人占有状态，或者是行为人的占有具有一定的依据，比如是他人的遗忘物、埋藏物，或者由他人委托保管。由此看来，在行为发生时，物品归谁占有，就成为判断的前提和关键。

在梁丽的案件中，若按警方所说，装有黄金的行李车离值机柜台不远，箱子又很重，即便在机场这样的大环境里，也不会被社会一般人认为是他人的抛弃物。且失主离开此物品的时间不长，即便当时行李车周围没有其他人看管，也不是随便能够“捡拾”的。日常生活中，即便一个物品不处于物主直接占有，如拿着、握着、掌控，该物品也不是能被他人随意“捡走”的，我们仍然认为该物品属于物主占有状态。比如，雇佣搬家公司的人运送物主家里的家具，物主跟在搬家公司后面，这时仍认为是物主占有自己的家具，搬家公司的人只是占有辅助人。若搬家公司的人加速逃走，拉走家具，他们构成的是盗窃行为，而非侵占。本案中行李车上的黄金很重，又在机场这个乘客很多的空间，若其就在值机柜台附近，就不能随意认定为无人占有，完全应被视为是办理值机的乘客所占有的。因此，行为人口中的“捡拾”就不是规范意义上的“捡拾”，其对财物的获得没有任何依据。也就是说，这车东西在当时不归梁丽占有。

那下面的问题是，当时这箱黄金到底是谁占有的？按照检方的说法，行为人离开柜台只有一分钟时间，纸箱就被拿走。失主离开柜台时间不长，距离不远，物品又显眼明确，应该仍归原失主占有。占有由客观上的支配和主观上的占有意思构成。这里的占有是实质上的支配，不限于事实上的持有、控制。从失主离开财物的时间、距离、场所看，失主主观上有明确的占有意思，该占有意思可辅助性的帮助判断该财物的实际占有状态。既然如此，失主当时仍占有那箱黄金，行为人发现并占有时，没有任何依据，属于非法占有。

之后，行为人梁丽将这箱东西搬到卫生间内，直到后来拿出打开发现是黄金。在这个过程中，梁丽作为清洁工，把非自己占有之物控制到自己的范围内（卫生间内），完成了建立新占有的过程。至于她之前有没有认识到这是数额巨大的黄金，则在所不问。当这箱“行李”从柜台附近被转移到卫生间时，就基本排除了更多人包括原物主对“行李”的发现可能，梁丽则完成了财产转移。当她发现纸箱里是黄金时，她仍决定将其拿走据为己有，也反映出其非法占有的心态。

清洁工的身份决定了其在机场的职责是打扫卫生、负责清洁，她没有对他人财物的占有、处分权利，更没有其他管理的权限。她不是机场的管理者，不可能对旅客的财物进行所谓的保管，何况也没有任何人委托她来保管。因而梁丽的行为不属于《刑法》中规定的受委托保管财物的行为。

刑法中的遗忘物有特殊的含义，侵占罪中的遗忘物，是指有明确主人的、当时不属于主人占有之物，不区分主人能否记起该物品在何处。正如上述，原失主离整个行李车不远，其只是去值机柜台问话办事，其仍然视为占有该财物。这纸箱里的黄金就不属于《刑法》规定的遗忘物。至于侵占罪对象中的埋藏物，本案就更不符合了。

在侵占罪的构成要件中，“拒不返还”如何理解？有论者指出，对于“拒不返还”应当作比较宽泛的理解，即行为人以实际行动表示不想归还自己占有的他人财物，或者说，如果能从行为人的行为中看出其不想退还的意图，就能肯定“拒不返还”，并认为梁丽将纸箱拿回家中的行为已表明其拒不返还的意图，因而构成侵占罪。[1]也有学者指出，“非法占为已有”和“拒不退还或拒不交出”表达了相同含义：“将自己原来占有的财物变为自己所有的财物，可以表现为消费、出卖、赠与、抵偿债务，或者拒绝归还。”[2]以上两种说法虽然表述不同，但本质相同。也就是说，侵占罪中的“拒不返还”没有单独的含义，只要行为人完成了非法转移占有的过程，就意味着其已将该物当作自己所有的，就是拒不退还了。那么本案中梁丽的行为，符合“非法占为已有”和“拒不退还或拒不交出”的要件要素。

但是，盗窃罪的行为人都有非法占有的目的，而且对财物也完成了转移占有，光凭上述这一点还是区分不了盗窃与侵占，还是要回到先前财物归谁占有这一问题上。侵占罪的前提是行为人具有占有权限，清洁工显然没有。在她之前，纸箱不归其占有，更不是无人占有之物，她从权利来源上就是非法的。

其实，剥开本案复杂的法律关系，站在普通人的角度看，谁在机场把自己的东西放在边上临时去办事，被别人拿走都会认为是被“偷走”的，而不是什么侵占。失主个人都可能有冒失莽撞的时候，不能以此就否认他人行为的犯罪性。机场与火车上那种人员流动性过大、乘客众多的情况不一样，结合生活经验，特别在“春运”期间，火车上原物主在车厢来回走动落下了东西，该物品又长时间未被取回的，可视为遗忘物，捡到该物品的不属于破坏他人的占有。但是机场不同，空间相对固定，安保众多，人与财物的关系更紧密，是不能随便就“捡”

---

〔1〕 参见黎宏：“梁丽构成侵占罪”，载《法制日报》2009年6月10日。

〔2〕 刘艳红主编：《刑法学》（上）（第2版），北京大学出版社2016年版，第332页。

他人东西的。这就说明，对刑法的解释不能离百姓认知太远，不能脱离生活经验。综上，若以警方认定的事实为依据，则梁丽的行为更符合盗窃罪的特征。

在程序上，如果把本案当成侵占罪，只有被害人告诉，行为人才有可能被刑事处理。如果被害人没有告诉，表示了谅解，那检察院就不能直接提起公诉。也就是说，如果本案检察院是以盗窃罪起诉的，若发现行为人不构成盗窃罪，可能构成侵占罪，则不能直接起诉，应作出不起诉处理。告诉才处理的案件属于自诉案件的一种，是否起诉追责的决定权在自诉人这方；自诉案件还可以调解，这也充分说明法律赋予了当事方的决断权利。

盗窃罪是公诉案件，侵占罪是自诉案件，二者不仅罪名不同，在程序上的差异也会导致实际结果相去甚远。若本案以盗窃罪被提起公诉，涉案的那箱黄金数额巨大，行为人梁丽可能被判处的刑罚很重，可能会在“三年以上十年以下有期徒刑”的档次量刑；若本案只是构成侵占罪，则自诉人可以不起诉，案件也可能被调解。当然，为了避免本案可能出现的与民众通常感知差别过大的情况，即便认定梁丽构成盗窃罪，还可以援引《刑法》第63条，在法定刑以下判处刑罚，只不过需要报请最高人民法院核准。

案件的定性与量刑是分开的两个阶段，但量刑结果对刑法罪名适用也有解释指导作用。“以刑制罪”就是这个意思，它提醒我们，若个案刑罚太重，违背实质正义原则，则对法律的解释应当适度调整，做灵活处理。本案就有多种处理方法，要想获得各方都满意的结果，就要寻求除法律定性之外的方法。

三、关于本案解决方法的讨论

除了从刑法教义学的视角寻求本案的定性之外，对本案的处理方式还有多种。如果案件定性为盗窃罪，检察机关可以采用酌定不起诉的方法；如果定性为侵占罪，则由于案件属于告诉才处理的案件，检察机关不应主动介入，交由当事人决定是否告诉。以上这些属于实质上从程序对行为人进行出罪的方法，这就告诉我们，从辩方角度看，出罪的方式除了实体角度的各阶层各要素，还包括程序角度。

本案实际的处理方式是，公安机关先以涉嫌盗窃罪立案，后案件移送检察院审查起诉时，多次退回公安机关补充侦查。因证据不足，检察院向梁丽通报其不构成盗窃罪，撤销取保候审措施，不提起公诉。但检察院认为此案更符合侵占罪的构成特征，把案件发回公安机关；是否起诉梁丽，由受害方金龙珠宝公司决定。最后被害人没有提起刑事自诉，侵占罪就不能主动追诉，本案随即结案。

被告人梁丽最终没有坐牢，这一结果可谓“皆大欢喜”，社会公众也能接受这一结果。办案人员将法律定性上复杂的争议转化为事实认定的问题，最终通过程序性出罪事由解决，这也是一种“智慧”。当年的邓玉娇案也是类似，当社会大众纠结于被告人是否构成正当防卫时，由于邓本人具有精神疾病，最终因此被免于刑事处罚。

但是，这种处理方法虽然务实，在实体上却不一定实事求是。案件的定性不仅对个案有影响，而且会面向未来，影响其他类似案件定性。我们裁判案件，不能光是让当事人个人满意，还要考虑社会影响，重视社会效果。本案到底能为未来的个案带来哪些进步与启迪，这才是更重要的。

本案曾引起社会大众的极大关注，媒体也一度热议。虽然目前案子结了，但留给人们的思考并没有终结。在我国当下社会，诚信体系建设还未完成，价值观的塑造需要一个过程。如何让好人做好事不吃亏，全民都做到不是自己的东西不要拿，这些问题尚没有得到很好的解答。何况，事后冷静下来看此案，更应得到关注的是，本案有没有“引导”性，能不能对未来的刑事审判有作用。有学者指出，按照现在的处理结果，机场黄金可以随便捡。由此可能导致的道德风险，社会应当高度警惕。同情弱势群体，不能以损害正当的社会秩序为代价。〔1〕这种声音就很有代表性。

进一步讲，本案涉及的是道德、法律的界分以及刑事法与其他部门法的关系。法律与道德有各自的作用范围，诚然，社会需要弘扬新风尚，但不能苛求每个人都成为圣人。更何况不同时代不同文化背景下，社会主流道德意识还有差异。“拾金不昧”是高尚的道德要求，社会公民应从自己内心出发，追求善良正义，违背了这样的道德，内心会受到谴责。相比于法律责任，这种谴责的强制力低，责任方式也不同。但是，刑法是一个维护社会正常秩序的“底线”，“捡拾”他人数额巨大的财物，还意图据为己有，这一行为已进入法律评价的范畴。在法律上，严重的侵权就是犯罪，不能为了自己的利益与“幸运”而损害其他社会成员的利益，利益是相互平衡的，否则社会就将无法运行下去。

从一般预防效果看，如果类似这样的案件都不作为犯罪论处，则会给社会带来极不好的示范效果，似乎别人的东西，即便是贵重物品，也能“随便捡”。对全社会来说，公民的财富安

〔1〕纪田：“专家称梁丽案结果可能致道德风险　引发贼心频起”，载 http://news.sohu.com/20090927/n267031162.shtml，2019 年 12 月 20 日访问。

全就无法得到保障，可能又会回到了原始的“先到先得”。

从社会治理成本看，刑法制定不同的罪名，就是为了给各种社会越轨行为划分层次，区分轻重缓急。刑法与民法的界限也在于在保障秩序的前提下，节约司法成本，合理配置司法资源。一个边缘行为，到底构成本罪、他罪还是无罪，到底该国家主动追诉还是把权利让给当事人自己，是一种刑事政策的选择。有时宽一点有时严一点，都是为了促进当时的社会治理，实现更大范围的正义。因此，从积极的刑法观出发，本案的定性可能存在问题，但符合当时社会的价值观。毕竟，在任何社会观念的转变都有个过程。如果现在再出现类似案件，相信司法机关能作出既符合法理又符合时代检验的抉择。

【法条链接】

《刑法》

第六十三条 犯罪分子具有本法规定的减轻处罚情节的，应当在法定刑以下判处刑罚；本法规定有数个量刑幅度的，应当在法定量刑幅度的下一个量刑幅度内判处刑罚。

犯罪分子虽然不具有本法规定的减轻处罚情节，但是根据案件的特殊情况，经最高人民法院核准，也可以在法定刑以下判处刑罚。

第二百六十四条 盗窃公私财物，数额较大的，或者多次盗窃、入户盗窃、携带凶器盗窃、扒窃的，处三年以下有期徒刑、拘役或者管制，并处或者单处罚金；数额巨大或者有其他严重情节的，处三年以上十年以下有期徒刑，并处罚金；数额特别巨大或者有其他特别严重情节的，处十年以上有期徒刑或者无期徒刑，并处罚金或者没收财产。

第二百六十五条 以牟利为目的，盗接他人通信线路、复制他人电信码号或者明知是盗接、复制的电信设备、设施而使用的，依照本法第二百六十四条的规定定罪处罚。

第二百七十条 将代为保管的他人财物非法占为己有，数额较大，拒不退还的，处二年以下有期徒刑、拘役或者罚金；数额巨大或者有其他严重情节的，处二年以上五年以下有期徒刑，并处罚金。

将他人的遗忘物或者埋藏物非法占为己有，数额较大，拒不交出的，依照前款的规定处罚。

本条罪，告诉的才处理。

《刑事诉讼法》

第十六条 有下列情形之一的，不追究刑事责任，已经追究的，应当撤销案件，或者不起诉，或者终止审理，或者宣告无罪：

（一）情节显著轻微、危害不大，不认为是犯罪的；

（二）犯罪已过追诉时效期限的；

（三）经特赦令免除刑罚的；

（四）依照刑法告诉才处理的犯罪，没有告诉或者撤回告诉的；

（五）犯罪嫌疑人、被告人死亡的；

（六）其他法律规定免予追究刑事责任的。

第二百一十条 自诉案件包括下列案件：

（一）告诉才处理的案件；

（二）被害人有证据证明的轻微刑事案件；

（三）被害人有证据证明对被告人侵犯自己人身、财产权利的行为应当依法追究刑事责任，而公安机关或者人民检察院不予追究被告人刑事责任的案件。

第二百一十二条 人民法院对自诉案件，可以进行调解；自诉人在宣告判决前，可以同被告人自行和解或者撤回自诉。

本法第二百一十条第三项规定的案件不适用调解。

人民法院审理自诉案件的期限，被告人被羁押的，适用本法第二百零八条第一款、第二款的规定；未被羁押的，应当在受理后六个月以内宣判。

浙江张氏叔侄强奸冤案

【案情介绍】

2003年5月18号晚9时许，张高平和侄子张辉驾驶货车去上海。被害人王某（殁年17岁）经他人介绍，搭乘张辉、张高平的解放牌货车，途经浙江省临安市昌化镇，次日凌晨1时30分到达杭州市天目山路汽车西站附近。被害人王某到目的地下车，张氏叔侄继续前往上海。王某离开汽车西站后于2003年5月19日早晨被人杀害，尔后尸体被抛至杭州市西湖区留下镇留泗路东穆坞村路段路边水沟。

2003年5月19日，杭州市公安局西湖区分局接到报案，在杭州市西湖区一水沟里发现一具女尸，而这名女尸正是5月18号搭乘张氏叔侄便车的女子王某。

后经公安机关侦查认定，嫌疑人是当晚开车载货并受托搭载被害人的安徽省歙县人张辉、张高平所害。公安机关以涉嫌强奸罪将二人刑事拘留。同年6月28日二人被逮捕。

2004年2月23日，浙江省杭州市人民检察院指控张高平叔侄两人犯强奸罪，向杭州市中级人民法院提起公诉。2004年4月21日，杭州市中级人民法院以强奸罪判处张辉死刑，张高平无期徒刑。

2004年10月19日，浙江省高级人民法院终审改判张辉死缓，张高平有期徒刑15年。

2006年10月21日，浙江省高级人民法院作出刑事裁定，将张辉的刑罚减为无期徒刑，剥夺政治权利终身。

张氏叔侄二人相继转调到新疆石河子监狱和库尔勒监狱服刑。狱中的张高平、张辉均坚称自己无罪。张高平称，杭州另一起杀人强奸案中的凶手勾某峰系此案嫌疑人；而张辉称，曾在狱中遭遇牢头狱霸袁某芳的暴力取证。

2012年2月27日，浙江省高级人民法院对该案立案复查。2013年3月26日，浙江省高级人民法院公开宣判认为，有新的证据证明，本案不能排除系他人作案的可能，原一二审判决据以认定案件事实的主要证据，不能作为定案依据，撤销原审判决，宣告张辉、张高平无罪。〔1〕

【法理分析】

谁能想到，叔侄二人晚上的一次好心的“顺风车”，竟能给自己的人生造成如此严重的影响。事后看，浙江张氏叔侄强奸冤案（以下简称“张氏叔侄案”）的产生充满了不可思议的漏洞，只要任何一个环节被发现、被抑制，就能避免悲剧的发生。遗憾的是，整个诉讼运行机制发生偏差，导致个体命运被重置。反思本案，目的在于从法理上找到刑事冤假错案的生成规律，以保障每位社会公民的基本权利。愿冤假错案不再发生。

一、侦查机关采取行动的合法性分析

本案与其他冤假错案一样，都伴随着刑讯逼供、强迫自证

〔1〕 徐盈雁：“耗时5年平反张氏叔侄冤案”，载《检察日报》2014年4月11日。

其罪，同时伴随着刑事诉讼构造的整体不正常“倾斜”。从本案中发现的问题，也能对预防其他刑事冤假错案有警示作用。

根据刑事诉讼构造理论，无论是纠问制还是对抗制的诉讼模式，法官坚持中立审判、控辩平衡、证据裁判，这些都是共通的原则。法院是最终的审判机关，审判程序是审查程序，是整个刑事诉讼的中心。审判程序不是侦查程序的确认程序，更不是只能为侦查程序“背书”。若整个刑事诉讼活动都向侦查内容倾斜，完全不顾案件疑点，那就不用保留审判程序了，这种“走过场”只会耗费更多司法资源，更别说实现正义了。侦查阶段是案件办理的起始阶段，作用很重要，可以说侦查的内容范围限制了之后程序可获得的事实内容，侦查程序错了，后面的纠错再失灵，就只能一步步“跟着错”了。

本案的实际情况就印证了这一点。侦查机关选择的侦查方向从一开始就错了。本案中，被害女孩坐上车以后直至凌晨遇害，从下车到遇害其实还有一段时间间隔。在此情况下，至少存在两种可能：要么是车上的人员将被害人杀害，然后再换地点抛尸，要么是下车以后被害人才被他人杀害的。而当时的侦查机关只按照第一种侦查方向进行侦查。一切的侦查活动都围绕着第一种思路进行，完全没有考虑第二种情况，因而产生了巨大的偏差。这说明，本案侦办从一开始的指导思想就错了。侦查机关表示，在被害女孩的身上发现了汽车内部和被告人身上的残留物，问题是，这并不能说明就是被告人在车上犯的案，即便下车以后案发，由于被害女孩搭过便车，当然会留有车厢内部的痕迹。侦查机关的思维惯性导致侦查内容的极大局限，并使得具体办案人员产生内心确信，并进而朝着这个方向“执着”地一直进行下去。

在相信了被害女孩是在张氏叔侄的车上遇害的以后，侦查机关进一步违法取证，特别是对犯罪嫌疑人刑讯逼供。后来查证，警方对张氏叔侄采取了各种折磨手段使其身体遭受了极大损害。根据我国《刑事诉讼法》第56条第1款的规定，“采用刑讯逼供等非法方法收集的犯罪嫌疑人、被告人供述和采用暴力、威胁等非法方法收集的证人证言、被害人陈述，应当予以排除。收集物证、书证不符合法定程序，可能严重影响司法公正的，应当予以补正或者作出合理解释；不能补正或者作出合理解释的，对该证据应当予以排除”，这被称为非法证据排除规则。非法证据排除规则属于程序性制裁措施，它的主要功效在于，在程序上宣布违法手段获取的内容不能当作“证据”使用，归于无效，归于证据未取得之时的状态，这就意味着先前的取证行为白做了。该措施可以对未来的司法工作人员产生心理威慑，产生抑制刑讯逼供的效果。非法证据排除规则是世界各国刑事诉讼制度中的共通性规则，它旨在规制证据的证据能力，限制证据的准入资格，某证据一旦被认定为非法的言词证据，即使其实体上为真，也不得让其进入法庭，成为定案的依据，相当于该证据就不存在。本案中依靠刑讯逼供获得的那些证据就应当被排除，可惜当时的司法机关并没有排除。

国际社会一向反对刑讯，国际公约将酷刑作为违反人类基本权利和人道的迫害行为。这是因为，刑讯得来的口供从源头上污染了法治之基，也损害了事实的真实性。根据我国《刑法》规定，刑讯逼供罪，是指司法工作人员对犯罪嫌疑人、被告人使用肉刑或者变相肉刑，逼取口供的行为。该罪名属于实体上规制刑讯逼供的罪名。刑讯逼供罪与故意伤害罪的区别是，两者侵犯的法益不同。刑讯逼供罪妨害了正常的司法秩序，不仅影响了司法公信力，还损害了公民个人人身权；而故意伤害罪侵犯的是他人的身体健康法益。两罪存在一定的竞合关系，刑讯逼供致人重伤的，要按照故意伤害（致人重伤）罪定罪处罚；刑讯逼供致人死亡的，要按照故意杀人罪定罪处罚。该条属于法律拟制。以上这些罪名可以从实体上抑制刑讯逼供相关行为，但程序上的变相刑讯逼供究竟会引发何种法律后果，却不尽详细。

当时的《刑事诉讼法》已明确禁止以刑讯逼供的方法获取口供，但是采用该方式的却不一定会引起不利的法律后果。从现实看，非法证据排除规则没得到应有的关注，庭审中能启动非法证据排除的案件少之又少。类似案件发生后，涉案警察定罪被判实刑的案件也很少，这同样是思维惯性使然。本案的办理也延续了以上“惯性”，从证据方面看，明明存在疑点，而且存在刑讯逼供的可能，刑事诉讼的各环节却全然没有发现，顺畅走过去了，让案件不可逆的成为冤案。非法证据排除的程序一旦启动，就应当由控方承担举证责任，也就是公安方面要证明自己没有非法取证，审讯手段合法；而在本案中，辩方律师即便提出了异议，案件原审时也没有回应，侦查机关当然也没有证明自己未刑讯逼供。这一切使本案失去了重要的纠错机会。

此外，本案中“狱侦耳目”的使用没有任何法律依据。袁某芳这一“狱侦耳目”作为另案犯，同时在不同地点的多个案件中作证，而且还逼迫被告人写自述材料。这是强迫认罪的变种，只不过公安把工作交给了“案犯”罢了。讯问要在指定的场所进行，且不得强迫犯罪嫌疑人自己证明自己有罪，因为强迫得来的供述真实性存疑，无法与其他证据相互印证。侦查机关之所以这样做，是因为当时的办案水平还不够高，过于依赖口供，相信只要犯罪嫌疑人“招供”了，案子就八九不离十了。于是该案就沿着“确定侦查方向——找到犯罪嫌疑人——逼迫认罪——依据口供定案并找其他证据佐证”这样的思路进行下去，没有力量能阻挡案子的发展方向。“狱侦耳目”本身就存在违法行为，通过借助他获取案件的“线索”，内容存疑，程序违法，怎么可能不出错？

“狱侦耳目”的使用也为后来案件的翻案遗留了空间，张飚检察官在杂志上看到马廷新冤案，该案中同样有证人袁某芳，他也是河南马廷新的“同号犯”。为什么不同省不同案件的证人，都是这个“同号犯”袁某芳，而且他提供的还是供定案的决定性证据。为什么他能在不同省的看守所之间来回游走？为什么只要疑难案件就有他，且他上个作证的马廷新案已被证实是冤案？这种巧合使得张检察官与张高发联系，让他去找马廷新案的辩护律师朱明勇。朱明勇接手案件后，做了大量的工作，最终使得案件水落石出。可以看出，袁某芳跨省作证，在多起冤案中都出现，应当是有意安排的，由此调查分析，案件的真相才被完整揭开。

综上，侦查机关违法取证，办案过度依赖于口供，本案没有其他证据相互印证，未形成完整的证据链，侦查活动所形成的证据根本无法证实两名被告人强奸杀人的结论。

二、审判机关并未起到纠错作用

本案中的侦查机关没能正常履职，而一审、二审审判机制也未能发挥应有作用。审判制度的设立是为了在控辩双方平衡的基础上查明真相，追求的是法律真实。审判制度不是行政程序，不是为前面的程序签字背书的。

上一部分谈到，刑讯逼供等获取的证据属于非法证据，应当被排除，但本案庭审时都没有排除。辩方一旦在庭审中提出案件可能存在刑讯逼供，则控方应当承担举证责任，证明侦查过程的合法性。辩方没有义务自己来证明受到刑讯逼供，但在本案中，辩方提出了被告人可能遭受刑讯逼供，公安机关审讯的笔录和录像等证据证明，侦查人员在审讯过程中，存在对犯罪嫌疑人不在规定的羁押场所关押、审讯的情况，法院并没有就这些展开专门程序予以调查，也没有认可被告人在侦查机关的供述是非法证据。

从证据的证明内容看，张氏叔侄作案的时间存疑。当时高速路口有监控录像，通过调取监控录像就有可能判断他们当时有没有作案时间。在目前可查阅的卷宗里，没有任何侦查机关调取录像的记录。当年张氏叔侄的辩护律师曾要求调阅监控录像，却被管理员告知录像已经因超过期限而被销毁。该调取的证据没有调取到，法院也不要求调取，就这样在存在合理怀疑的情况下案件被继续审理。

2004 年 10 月 19 日，浙江省高级人民法院终审判处张辉死刑缓期二年执行，判处张高平 15 年有期徒刑。判决书写道："本案中 DNA 鉴定结论与本案犯罪事实并无关联。"这种通过对证据关联性的排斥的做法使得真相被掩盖，当事人的权利更无法保障。之后，另一起强奸杀人案的犯罪嫌疑人勾某峰被抓获，看到这个消息的张高平怀疑他们所涉案件的真凶就是勾某峰，他就告诉警察，并不断申诉。

2011 年 11 月，经过比对，勾某峰留下的 DNA 样本与当年张氏叔侄强奸案中被害人王某指甲里提取的 DNA 相同，这说明勾某峰可能就是张氏叔侄强奸案中的真凶，而张氏叔侄的 DNA 却与案件中的 DNA 均不一致。可能的"真凶出现"才使得该案得到最终的立案复查，可见，追求客观真实的"实事求是"价值观对司法机关影响多么大。

当时的判决书之所以排除了 DNA 鉴定意见与案件事实的关联性，是因为事实上"在被害人 8 个指甲末端检出混合的 DNA

谱带是由死者与一名男性的 DNA 谱带混合形成，且排除了由死者和犯罪嫌疑人张辉或张高平的 DNA 谱带混合形成的可能”。也就是说，如果采纳 DNA 鉴定结论，该关键证据已可排除张氏叔侄作案的可能，无法与原审的结论对应上。那么案子就不能再“硬判”下去了。

审判是刑事诉讼的中心，应当坚持证据裁判原则、直接言词原则，按照一定的证明标准，“发现”法律真实。本案原审未能贯彻上述原则，审判程序未能发挥有效作用。于是，审判机关也充当了案件的追诉方，控辩双方处于不平衡状态，辩方的声音被压制，因此案件的出错概率就急剧上升。

刑事诉讼的环节除了侦查阶段以外，都应当具有司法属性。审查起诉、一审、二审环节都应当建立在中立裁判之上，在听取各方意见的基础上，结合证据，形成心证。如果审判方偏听偏信，只相信一方，手中又掌握权力，被告人就会成为案件的客体，完全成为被追诉被打击的对象，而无法实际参与到庭审中。

以张氏叔侄案为代表，我国已披露的重大冤假错案几乎都暴露出了刑讯逼供、程序失灵、不重视辩方意见的问题，几乎所有的案件出现的问题在一审时辩护人都提出过。如果当时审判人员能多听取辩方意见，如果辩方意见能被确实采纳，如果审判确实重视控辩平衡，则所有的一切可能都不会发生。可是，没有如果！可见，辩护律师的作用非常重要，“有效辩护”的贯彻更关系到一个案件的实际质量，法律共同体在我国的建设还任重道远。

张氏叔侄案集中反映出了刑讯逼供、违法取证、考核机制重压下的急于破案、刑事诉讼程序失灵等系统性问题，这些问题是冤假错案产生的共性问题。以上共性问题相互结合，使得后续的诉讼程序都在确认迎合前面的程序，审判程序成了侦查程序的确认程序，二审程序也未发挥纠错作用。错误的侦查完全主导了整个刑事诉讼过程。

我国原有的刑事诉讼构造有非常明显的“侦查中心主义”的特征，表现为侦查阶段作为事实的初查程序，却决定了案件的走向，后续程序尤其是审判程序都在对其确认。以审判为中心的刑事诉讼改革，是本轮司法改革的重要方向。“让审理者裁判，让裁判者负责”，确保审判机关在刑事司法案件中的最终裁判作用，保障案件的实质真实，是改革的目标。以审判为中心的刑事诉讼制度改革主要有以下特点：贯彻以审判为中心理念，落实庭前会议制度，推进庭审实质化改革，贯彻证据裁判规则、非法证据排除规则，疑罪从无。以“审判”为中心，就要让审判成为刑事案件审理的主导，让审判回归应有的作用，侦查、起诉和审判诉讼活动都应围绕审判为中心开展。积极贯彻落实刑事案件律师辩护全覆盖，真正使诉讼各方在庭上举证、在庭上说理，推进控辩对抗实质化。应该重视各类证据的作用，确保诉讼证据出示在法庭、案件事实查明在法庭、诉辩意见发表在法庭、裁判结果形成在法庭。

张氏叔侄案等一系列冤案以惨痛的教训促进我国不断完善刑事诉讼制度与实践。希望悲剧不再重演。

三、辩护人的作用

张氏叔侄案的再审申诉是由著名刑辩律师朱明勇代理的，该案成为他“无罪辩护”的又一典型案例。在原审中，律师也已提出了其中的疑点，二审中律师提出：“如果张辉是强奸者，那他就是被害人死前接触的最后一名男性。既然公安机关能够从王某的指甲中检出更早时间另一名男子留下的 DNA，为何不能从中检出在最近时间里张辉留在她指甲内的DNA？”从事实逻辑出发，该疑点非常到位。可惜，法庭并没有采纳该意见。

该案发生在2012年《刑事诉讼法》修改以前，当时律师只能在侦查阶段介入刑事诉讼，但履行的还不是辩护职责。2012年《刑事诉讼法》修改后，侦查阶段律师就可以以辩护人身份介入案件，全程行使辩护权。2018年《刑事诉讼法》修改后，我国建立起值班律师制度，目的是希望促成刑事案件辩护的全覆盖。总体来看，我国法律对律师的辩护权保障是逐渐加强的。本案属于可能判处死刑的案件，即便当事人不委托辩护人，也应当由法律援助机构指派辩护人参与辩护。被告人自己也要行使辩护权，这种自行辩护是辩护权的基础，不能被剥夺。

刑辩律师在重大刑事案件中应当认真履职，进行有效辩护。其职责范围包括法律咨询、代为申诉、申请变更强制措施、会见通信、阅卷、出庭辩护等。有效辩护应当覆盖刑事诉讼全过程，从审前阶段、审判阶段到执行阶段，都应当保障被告人及其辩护人辩护权的行使。对刑事案件的申诉，律师要全面审查以前的案卷、证据，对案件中是否存在新事实、新证据，或一审、二审中没有认定的重要证据提供足够的说明和依据，如发现程序性问题，也要注意及时提出。本案在一审、二审时，辩护人就已发现了案件的证据问题，现有证据无法相互印证；再审申诉时，辩护人又发现了袁某芳这个证人的疑点，从而一步步攻破了案件。

即便是法律援助指派的辩护人，也应当尽心尽责履行好辩护人的使命。不能因为一时的金钱收入不高，就懈怠履责，应付了事，殊不知，当事人的性命寄予其身，辩护人是被告人最后的希望。有效辩护要求被告人辩护权的行使得到保障，辩护的作用能得到完全发挥。辩护权能否行使，实质辩护能否顺利开展，直接关系到一国的法治文明程度。

不重视辩护人的作用，司法公正就无法获得，错案责任人也会被追究责任，得不偿失。唯有认真对待手中的权力，敬畏法律，尊重法律共同体的成员，才能维护法律的权威，对得起自己的良心和责任。

本案的完全平反依赖于驻监检察官坚持不懈的努力、被告人和律师的申诉及“真凶出现”等。没有相关人员不放弃的坚持，冤狱最终改判的结果就很难等得到。我们常说，迟来的正义就是非正义。虽然本案最终的结果是好的，但却给两位被告人却带来了不可估量的伤害，自由被剥夺、身心受损，代价太大了。可以想见，如果上述任意一环缺失，本案的平反又会延迟。这已能够说明，相比案件的审理，案件的平反阻力要大得多，所有参与平反冤案的法律工作者的努力在当下尤为难得。

张氏叔侄案已被收录到朱明勇律师的著作《无罪辩护》〔1〕中，还被翻拍成电影《无罪》〔2〕，在社会上引起了较大反响。希望全社会大众尤其是司法工作人员要“长记性”，切实遵守刑事诉讼法，不要让冤案悲剧再重演。

【法条链接】

《刑事诉讼法》

第七条 人民法院、人民检察院和公安机关进行刑事诉讼，应当分工负责，互相配合，互相制约，以保证准确有效地执行法律。

第三十三条 犯罪嫌疑人、被告人除自己行使辩护权以外，还可以委托一至二人作为辩护人。下列的人可以被委托为辩

---

〔1〕 参见朱明勇：《无罪辩护》，清华大学出版社 2015 年版。

〔2〕 电影《无罪》由董玲导演，王洛勇、尤勇等主演，于 2015 年在我国上映。

护人：

（一）律师；

（二）人民团体或者犯罪嫌疑人、被告人所在单位推荐的人；

（三）犯罪嫌疑人、被告人的监护人、亲友。

正在被执行刑罚或者依法被剥夺、限制人身自由的人，不得担任辩护人。

被开除公职和被吊销律师、公证员执业证书的人，不得担任辩护人，但系犯罪嫌疑人、被告人的监护人、近亲属的除外。

第三十七条 辩护人的责任是根据事实和法律，提出犯罪嫌疑人、被告人无罪、罪轻或者减轻、免除其刑事责任的材料和意见，维护犯罪嫌疑人、被告人的诉讼权利和其他合法权益。

第五十五条 对一切案件的判处都要重证据，重调查研究，不轻信口供。只有被告人供述，没有其他证据的，不能认定被告人有罪和处以刑罚；没有被告人供述，证据确实、充分的，可以认定被告人有罪和处以刑罚。

证据确实、充分，应当符合以下条件：

（一）定罪量刑的事实都有证据证明；

（二）据以定案的证据均经法定程序查证属实；

（三）综合全案证据，对所认定事实已排除合理怀疑。

第五十六条 采用刑讯逼供等非法方法收集的犯罪嫌疑人、被告人供述和采用暴力、威胁等非法方法收集的证人证言、被害人陈述，应当予以排除。收集物证、书证不符合法定程序，可能严重影响司法公正的，应当予以补正或者作出合理解释；不能补正或者作出合理解释的，对该证据应当予以排除。

在侦查、审查起诉、审判时发现有应当排除的证据的，应当依法予以排除，不得作为起诉意见、起诉决定和判决的依据。

第五十八条 法庭审理过程中，审判人员认为可能存在本法第五十六条规定的以非法方法收集证据情形的，应当对证据收集的合法性进行法庭调查。

当事人及其辩护人、诉讼代理人有权申请人民法院对以非法方法收集的证据依法予以排除。申请排除以非法方法收集的证据的，应当提供相关线索或者材料。

《刑法》

第二百四十七条 司法工作人员对犯罪嫌疑人、被告人实行刑讯逼供或者使用暴力逼取证人证言的，处三年以下有期徒刑或者拘役。致人伤残、死亡的，依照本法第二百三十四条、第二百三十二条的规定定罪从重处罚。

“药神”陆勇案

【案情介绍】

2002年，陆勇被查出患有慢粒性白血病，需要长期服用抗癌药品。我国国内对症治疗白血病的正规抗癌药品“格列卫”系列系从瑞士进口，每盒需人民币23 500元，陆勇曾服用该药品。为了便于同病患者之间的交流，相互传递寻医问药信息，通过增加购买同一药品的人数从而降低药品价格，陆勇从2004年4月开始建立了白血病患者病友网络QQ群。

2004年9月，陆勇通过他人从日本购买由印度生产的同类抗癌药品，价格每盒约为人民币4000元，服用效果与瑞士进口的“格列卫”相同。之后，陆勇通过药品说明书中提供的联系方式，直接联系到了印度抗癌药物的经销商印度赛诺公司，并开始直接从印度赛诺公司购买抗癌药物。

陆勇服用一段时间后，觉得印度同类药物疗效好、价格便宜，遂通过网络QQ群等方式向病友推荐。网络QQ群的病友也加入到向印度赛诺公司购买该药品的行列。陆勇及病友首先是通过西联汇款等国际汇款方式向印度赛诺公司支付购药款。在此过程中，陆勇还利用其懂英文的特长免费为白血病等癌症患者翻译与印度赛诺公司的往来电子邮件等资料。随着病友的传播，从印度赛诺公司购买该抗癌药品的国内白血病患者逐渐增多，药品价格逐渐降低，直至每盒为人民币200余元。

但是，国际汇款程序繁琐，操作难度大。有患者向印度赛诺公司提出了在中国开设账号便于付款的要求。2013年3月，印度赛诺公司与陆勇商谈，由陆勇在中国国内设立银行账户，接收患者的购药款，并定期将购药款转账到印度赛诺公司指定的户名为张某霞的中国国内银行账户，在陆勇统计好各病友具体购药数量、告知印度赛诺公司后，再由印度赛诺公司直接将药品邮寄给患者。印度赛诺公司承诺对提供账号的病友将免费供应药品。陆勇在QQ病友群里发布了印度赛诺公司的想法，云南的白血病患者罗某春即与陆勇联系，愿意提供本人及其妻子杨某英的银行账号，以换取免费药品。陆勇通过网银U盾使用管理罗某春提供的账号，在病友向该账号支付购药款后，将购药款转至张某霞账户，通知印度赛诺公司向病友寄送药品，免除了购药的病友换汇、翻译等以往的一些繁琐劳动。

在使用罗某春、杨某英账号支付购药款一段时间后，罗某春听说银行卡的交易额太大，有可能被怀疑为洗钱，不愿再提供使用了。2013年8月，陆勇通过淘宝网从郭某彪处以500元每套的价格购买了3张用他人身份信息开设的银行借记卡，在准备使用中发现有2张因密码无法激活而不能用，仅使用了1张户名为夏某雨的借记卡。陆勇同样通过网银U盾使用管理该账号，将病友购药款转账到印度赛诺公司指定的张某霞账户。

根据在卷证据，被查证属实的共有21名白血病等癌症患者通过陆勇先后提供并管理的罗某春、杨某英、夏某雨3个银行账户向印度赛诺公司购买了价值约120 000元的10余种抗癌药品。陆勇为病友们提供的帮助全是无偿的。益阳市食品药品监督管理局对所购买的10余种抗癌药品进行鉴定，其中"VEENAT100""IMATINIB400""IMATINIB100"三种药品系未经我国批准进口的药品。

湖南省沅江市人民检察院经过审查认为，陆勇的购买和帮助他人购买未经批准进口的抗癌药品的行为，违反了《药品管理法》的相关规定，但陆勇的行为不是销售行为，不符合《刑法》第141条的规定，不构成销售假药罪。陆勇通过淘宝网从郭某彪处购买3张以他人身份信息开设的借记卡，并使用其中户名为夏某雨的借记卡的行为，违反了金融管理法规，但其目的和用途完全是为白血病患者支付自服药品而购买抗癌药品款项，且仅使用1张，情节显著轻微，危害不大，根据《刑法》第13条的规定，不认为是犯罪。根据《刑事诉讼法》第16条第（一）项和第173条第1款的规定，决定对陆勇不起诉。[1]

【法理分析】

《我不是药神》[2]这部电影曾在我国影院热映，普通观众纷纷为主角的遭遇流下热泪。该片的票房最终达到31亿元人民币，在市场上取得了巨大成功。大家既同情主角的遭遇，又对主角当时的无能为力感同身受。当我们面对片中患者那样的情况，又该作何选择，到底怎样做才能支撑我们合法地活下去？影评人、媒体除了评价影片的艺术表现手法、演员表演、故事情节以外，更多的发现了影片中蕴含的情与法的冲突问题。情与法的关系，是一个永恒的话题；如果从对立冲突的视角看，则二者对同一事物的评价常常出现不一致的情况，对该问题的探讨甚至可追溯到法是什么、自然法与制定法是什么关系这些本源性问题，而如果转换视角，考虑一下，情与法是否能够融

〔1〕 根据湖南省沅江市人民检察院不起诉决定书（沅检公刑不诉［2015］1号）整理。

〔2〕 电影《我不是药神》由文牧野导演，徐峥等主演，于2018年7月在我国公映。

合，或者说，情与法是否已经融合在法律的解释中了，则问题有可能迎刃而解。

该片改编自真实案件——“陆勇案”，司法机关在处理陆勇案时，如果抛弃固有的入罪观，实质地判断该行为的法益侵害性，则有多种渠道可以出罪。入罪出罪皆要合法，这里的“法”不是僵化的文字，而是彰显正义的规范，面对人性、面对走投无路的个体，法律应当放慢脚步，这并不损害法律的权威性。笔者拟从犯罪阶层论的视角，逐个分析本案的法律争议，明确其可能出罪的角度。

一、构成要件阶层的分析

陆勇涉嫌的罪名可能是销售假药罪。我国《刑法》第141条规定的生产、销售、提供假药罪，是指生产者、销售者违反国家药品管理法规，生产、销售假药的行为。该罪名属于破坏社会主义经济秩序罪领域，侵犯的法益是国家对药品的管理秩序，又侵犯了民众的身体健康权利。为了体现对该类犯罪的严厉打击立场，本罪是行为犯，只要有生产、销售假药的行为就构成本罪。本罪是行政犯，相比于自然犯，本罪的认定更依赖行政管理法规。

陆勇案的争议主要体现在对刑法的解释上。销售假药罪的构成究竟是什么，什么是“销售”，什么是“假药”，入罪标准是什么，这些问题都值得专门探讨。

对罪名的解释不是词典上的名词解释，不能用生活中的汉语含义直接解释罪名语词。每个罪名有单独的罪状，对构成要件的解释要符合规范目的。

（一）对“销售”的解释

销售假药关键在销售行为，何为销售？我们几乎天天都要从事买卖活动，它已构成我们生活的一部分。销售指卖出，一般指商品、服务与金钱的交换。日常的销售一般是有一定规模的，通过商品服务获得利润。那么给病友药，行为人也收了钱，是否就构成“销售”呢？在现行《刑法》中，有很多表示“卖”的用语，如“销售”“倒卖”“贩卖”“拐卖”“卖出”，这些用语除了表示语气情绪，在不同的体系中应该有不同的含义。在销售活动中，售的一方为卖方，购药的一方为买方，买卖交易对于卖方要有利可图。陆勇本人也是病人，他从印度代购了仿制药，然后收到药的都是固定的病人，这个过程的目的是为了治病救人。陆勇没有牟利的目的，也没有盈利。这种纯粹帮人跑腿的活，就是一种中间的“转送”行为，可以把陆勇代购药的行为不定性为“销售”。可能有观点认为，陆勇毕竟收了他人的钱，存在金钱交易，进行了药品与金钱的交换，那么这就是销售了。但是，对销售的解释不能脱离规范的保护目的，《刑法》设立生产、销售、提供假药罪，就是为了防止未经过批准的药品流向市场，影响国家管控，并进而威胁普通大众的身体健康。陆勇虽然收了钱，但药品的流向范围可控，药又确实有效，这与实际的销售效果有别。这里的销售不能等同于贩卖毒品罪中的“贩卖”，在贩卖毒品罪中，只要有毒品与金钱、物品的交换，就属于“卖”，而无论卖得价高价低。那是因为毒品本身属于违禁品，国家本就不允许个人持有，对“贩卖”做扩大解释，与国家对毒品的管理秩序的法益相一致。而药品不同，药品并不当然对人体有害，大多数药品都对患者有益，将毒品类犯罪与药品类犯罪等同看待，是不顾体系解释的体现。

销售假药罪的主观方面表现为故意，一般是出于营利的目的。陆勇在本案中代购仿制药是出于自救和救助其他病友，并没有营利的目的。虽然营利的目的不是销售假药罪的必备要件，但如果完全不营利则不符合“销售”的通常含义，也就不符合销售的本质。陆勇的行为就是一种最普通的“代购”，只是帮助跑腿，传递药品，帮助病友，不是实质意义的销售。

（二）对“假药”的解释

销售假药罪的罪状经修改后，已从具体危险犯变为抽象危险犯（行为犯）。假药，是指依照《药品管理法》的规定属于假药和按假药处理的药品、非药品。也就是说，对假药的认定要依据《药品管理法》的规定。上述规定表明，假药有两类，完全的假药和按假药处理的物品。完全的假药，就是没有批准、不符合标准、没有疗效的。按假药处理的，包含依照《药品管理法》必须批准而未经批准生产、进口，或者依照本法必须检验而未经检验即销售的情况。

陆勇代购的药品可以不解释为“假药”。按照《刑法》修改后的规定，单纯以没有对人体损伤的危险来排除对其假药的认定已不合适。《刑法》现在对假药的认定，按照《药品管理法》的界定进行，对假药不需进行专门的危险性判断，无论有无实际的对身体损伤的危险，只要符合《药品管理法》定义的假药就是假药。但是，如果完全按照《药品管理法》的规定来认定假药，则刑法的标准与行政管理法律的标准一样，刑法的二次法属性就无法体现，刑法的判断就完全依赖于行政法律。销售未经国家批准、检验的进口仿制药，如果确有实际效果，能治病救人，则起码未侵犯不特定多数人的身体健康权利，还在实质上促进了这一权利的实现。也就是说，形式上符合假药的定义而实质上未侵犯法益的行为，不应用刑法来规制。

《我不是药神》这部影片中有感人的一幕场景：一位老患者对前来查处案件的警察说：“我们为了活命有错吗？”是啊，这句朴素的终极一问发人深省，药品能治病，大家自愿集中自救，有错吗？这已经起了效果的药品怎么能是假药呢？若将已有效果的仿制药认定为假药，也超出一般公民的预测可能性。《药品管理法》之所以把假药的范围规定得那么广，旨在保护国家行政机关的“把关”审批权，这与该法的定位是一致的。但《刑法》中的假药如果也完全这样认定，与设定该罪想达到的效果并不相符。刑法的站位更高，它不但保护国家对药品的管理秩序，而且它对民众的生命健康权看得更重。

案件所涉及的“神药”叫“格列卫”，是一种用于治疗慢粒白血病和胃肠间质瘤的抗癌药，效果非常好，目前已经替代了造血干细胞移植，成为慢粒白血病的首选治疗药。可以说，格列卫把一种恶性癌症变成了一种只需服药就可以控制的慢性病，对患者有明显效果，有助于维护身体健康。

但这款特效药的诞生，耗费了大量心力，包括人力、物力和财力。据悉，“格列卫”在2001年获批上市之前，它的“出生”整整耗费了50年，制药企业诺华投资超过50亿美元，直接成就了5位美国科学院院士，还催生了2项足以获得诺奖的重大发现。

正由于此，世界各国对药品这一重大科技成果都予以特别保护。我国不仅在《药品管理法》《刑法》上对生产、销售假药行为予以规制，还在《专利法》《商标法》等专门法律上对假药予以规制。销售假药侵犯了多重法益，对知识产权不尊重，对公司投入产出比不重视，会进而挫伤药品研发、生产企业的积极性，从长远看，不利于新药的研发，到头来也会损害患者的利益。

于是，有人认为陆勇的行为无论怎样最终还是损害患者利益的。本书认为，对于立法者和政策制定者，应该考虑全民的利益，权衡药品研发者、制药厂和患者的利益，眼光放长远；

但对于个案中的个人，他只能考虑到眼下，尽可能在不损害他人利益的情况下去维护自己的利益。不能要求每个个体都考虑到未来的子孙后代，为未来的患者着想。对患者们来说，他们最需要的是活着，是康复！陆勇也是患者，还是患者间的联络人，他优先考虑的事情是帮助自己与病友。也就是说，刑法与其他部门法存在不同的规范保护目的，刑法应先保障在个案中谨慎入罪，优先考虑案件的现实意义。因此，本案中涉案的药物不完全是“假药”，对它的定性不能仅依靠于行政法律上字面的含义，而要实质解释本罪的法益。

（三）综合性的出罪思路

陆勇案之所以发生，是由于国家药品管理制度存在一些问题，抗癌药的定价过高，进口药的审批严格、报销难，病人为了保命不得已采取了“权宜之计”。它是一定时空下的产物，具有时代属性，但对该案的定性也会对当时甚至一段时期内的类似行为产生影响。实践中，各地对类似案件的处理并不相同，有的在起诉阶段作不起诉处理，有的在审判阶段宣告无罪，也有的被判了罪，至于罪名，有销售假药罪、非法经营罪、走私罪等，并不统一。

陆勇案的不起诉决定书表示，陆勇的购买和助人购买未经批准进口的抗癌药品的行为，违反《药品管理法》，但其行为非销售行为，不构成销售假药罪。陆勇通过淘宝网购卡并使用的行为违法，但情节显著轻微，危害不大，不应认为是犯罪。依法决定对陆勇不起诉。从该表述可以看出，不起诉陆勇属于法定不起诉，对“销售假药罪”是通过解释“销售”来为陆勇出罪的。

《刑法》第 13 条“但书”规定，“情节显著轻微危害不大的，不认为是犯罪”。这从消极方面控制了犯罪圈大小，表明我国《刑法》对各犯罪的定性存在情节要素。刑法分则对各犯罪的规定，都存在数额、情节、后果等要素，它们划定了违法与犯罪的界限。对犯罪的判断要坚持形式与实质相统一，形式上看似构成犯罪，但实质上不具有可罚性，情节不够严重的，就不作为犯罪论处。当然，《刑法》第 13 条“但书”不能直接被援引作为出罪的依据，要根据具体的犯罪构成判断。

《刑法》第 13 条是总则关于犯罪概念的规定，并未体现具体的犯罪构成，也与个罪的适用无关。犯罪概念是犯罪构成的上位概念，更为抽象，而主客观一致的犯罪构成才是行为人负刑事责任的唯一依据。直接援引犯罪概念的内容出罪，并不明确，有可能与罪刑法定的要求不符，且与其他规定会出现不协调现象。根据《刑法》规定，在法定刑以下判处刑罚的，还要报最高人民法院核准，而直接通过“但书”实质性认定行为情节显著轻微宣判无罪却不需要，会造成认定的随意。因此，实质上认定犯罪的危害性大小，还要还原到该罪的犯罪构成上，一个个具体的犯罪构成本就是形式与实质的统一体，不应直接通过抽象的判断来出罪。

根据司法解释，销售少量未经批准进口的国外、境外药品，没有造成他人伤害后果或者延误诊治，情节显著轻微危害不大的，不认为是犯罪。据此，如果通过对数量或情节进行解释，认定陆勇卖的药属于“少量”的，也可为陆勇出罪。

不起诉决定书通过对“销售”的解释，排除了行为人构成销售假药罪；通过对妨害信用卡管理罪的情节解读，排除了成立妨害信用卡管理罪。这种解释让陆勇的行为非罪化。此外，该种方式从程序上就决定了“不起诉”，使得案件不用进入审判阶段，提高了司法办案效率，维护了当事人的基本权利，是一种程序化出罪方法，比实体上的判决出罪，效果更好。

二、违法性层面的分析

违法性层面的判断是消极判断、客观判断，如果行为具备违法阻却事由，则行为就不具备违法性，在该阶层直接出罪。一般来说，行为具备构成要件该当性，就推定其具有违法性，除非其具有违法阻却事由。正当防卫、紧急避险是常见的、法定的违法阻却事由，由于正当防卫要求在不法侵害发生时才可实施，而且是“正”对“不正”，本案并不存在上述情况，下文专门检验本案能否构成紧急避险。

紧急避险的构成条件为：①为了保护公共利益、本人或者他人的合法权益免受危险的损害；②客观上具有正在发生的真实危险；③迫不得已而采取的行为；④不能超过必要的限度而造成不应有的危害；⑤避险不得适用于职业上、业务上有特定职责的人。与正当防卫相比，紧急避险的最大特点是以“正”对“正”，即行为人为了一个利益，不得已损害了另一个合法的利益。此外，紧急避险还有“不得已”的要件。

有学者明确指出，侵犯性紧急避险的实质在于保护优势利益。如果在权衡对具体利益冲突有意义的情况后，侵害更低价值的利益成了保护更高价值的利益的唯一手段，则在合乎最低限度的互相团结原则的前提下，承认对更低价值的侵害不具有违法性。〔1〕也就是说，紧急避险的判断重在利益比较，保护的利益必须大于损害的利益，且行为当时不得已。如果保护的利益与损害的利益相当，原则上不构成阻却违法的紧急避险。

销售假药罪侵犯的主法益是国家对药品的管理制度。国家

---

〔1〕 劳东燕：“价值判断与刑法解释：对陆勇案的刑法困境与出路的思考”，载《清华法律评论》编委会主编：《清华法律评论》（第9卷第1辑），清华大学出版社2017年版。

对防治抗癌药管理严格，自然有其目的。该类药品如果未经检测就流入市场，潜藏着巨大风险。此外，这里还涉及知识产权、药品研发、关税等一系列问题。药品不同于其他商品，具有直接影响人的身体机能的特性，关系到人的根本，国家需要对药品进行管理与调控，通过刑法保护这类法益，有合理性。

本案中，如果认为陆勇构成销售假药行为，他本人没有销售的资质，所销售的药品也没有经过批准，那么陆勇的确侵犯了国家的上述管理秩序。但是，陆勇的行为限定在一定范围，都是在熟悉的病友之间，并未向全社会广泛销售牟利，且他的行为是为了救人，挽救他人和自己的生命，生命利益当然更重大。

国家对药品的管理秩序是希望药品更好地发挥作用，服务于全体公民。一定的管理是国家层面的工作考量，不能超越人的生命价值。如果为了管理而不顾一个个公民的死活，就完全本末倒置了。陆勇即便侵犯了国家对药品的管理制度，但保护了更大的法益——人的身体健康权。在国内抗癌药价格过高，印度仿制药与正品药价格悬殊的情况下，行为人的做法是迫不得已；在社会机制难以救助的情况下，行为人只能选择自救，这是最后的选择。既然如此，陆勇的行为就可构成紧急避险，属于侵犯型紧急避险。

在国家管理制度、保障制度不能照顾普通公民利益时，公民自己自发的自救活动是他们最后能做的事。若把这个渠道再堵死，反而追究相关人的法律责任，则会把更多弱势的当事人逼上绝路。刑法的目的是保护法益，为了国家抽象的法益而让更多人放弃最基本的权利，有违刑法的目的实现。

三、责任层面的分析

除了上述对构成要件的出罪解读以外，在阶层犯罪论中，陆勇还有其他出罪机会。最明显的，即是期待可能性理论。案件中对构成要件、违法性的判断，是客观的一般性判断，对责任的判断，则是主观的、个别化的判断。期待可能性是责任阶层的核心，对行为人能否进行非难，关键在于能否期待行为人在当时环境下做出合法的行为。如果不能期待行为人在当时环境下做合法的行为，那么行为人就是不可被非难的，就是无责的。法律不强人所难，期待可能性就是为“僵化”的法律打开一个缺口，让个体可宽宥的人性被容纳进刑法中。

期待可能性对入罪的解套方法是，建构违法但不担责的机制。责任是对个人的归属，客观归责后，主观可以不归责。陆勇案中，行为人本人是病人，即便客观上他“销售了假药”，但他不想营利，更是不为了害人。他为了自救，为了更多贫穷的普通病人的生命，他才选择这样做。与印度仿制药商的谈判是他进行的，往返国境内外，联系不同的病友，陆勇花费了大量金钱、经历，做这些他不全部为自己，非常不易。陆勇的行为即便属于销售假药，在违法性层面不能被阻却，在责任层面，还是不能期待他在当时的情况下能够实施不这样做而“等死”的行为。人类在疾病灾害面前是渺小的，紧急时刻，人命关天，他已无可奈何，只能那样做。面对当时药价高昂的事实，面对其他病友对生的渴求与期待，陆勇又有途径获取仿制药，那么就不能期待他放弃这一渠道，不能要求他等着高昂的正版药。如果这样的行为还被刑法苛责，那么刑法就显得没有人性和冷血了。可见，陆勇的行为没有期待可能性，对陆勇处罚没有必要性，无法实现刑罚的目的。刑法要发挥示范、引领效用，拿孤立的个案严罚反而会起到反效果。因此，在期待可能性层面，陆勇是无责的。

四、本案带来的其他启示

近年来，国家加大了医疗领域尤其是药品机制改革。除了鼓励创新、加大新药研发投入之外，越来越多的“救命药”被纳入到医保报销范畴，药品定价机制逐渐灵活，市场机制与国家必要的管理调控共同维护着广大患者的利益。

陆勇案以及类似案件的发生，引起了官方和全社会的关注，越来越多的患者故事进入大众视野。案件的发生影响从司法领域、医疗领域扩展到社会领域，形成一种促进改革的机制。这便是案件的溢出效应，涉案的个人具有悲情色彩，溢出的效果却促进了制度变革，从这个角度看，也算是幸事了。

在刑事法领域，对罪刑法定的理解不能僵化。刑法相比于其他部门法，的确更强调追究责任的“法定性”。即便不同部门法都有相同的名词用语，也不能直接将其他部门法规范上升到刑法领域，否则便无法在一般违法与犯罪之间作出区隔。入罪的标准更高，司法官要从实质正义出发，作出符合常理的结论。

对社会大众来说，本案还告诉我们，全社会还有相当多的群体需要关注。我们看到的城市繁荣、灯红酒绿，并不是社会的全貌与本相，一些同胞在奋斗、挣扎、互相帮助，他们的生活难以被主流所知，他们的权利同样需要保障。不要把眼前的世界当作全部，《刑法》的制定不是单一面向的，在解释适用时，既要注重人人平等的一面，也要注重个案的正义，因为个案的正义关系到每位社会公民、社会成员的生存，是一个社会的底线，彰显着全社会的文明程度。

本文探讨了在阶层式犯罪论体系下的多重出罪思路问题，只要在一个阶层出罪，后面的阶层就不用判断了，对行为人就可得出无罪的结论。除了实体出罪，在程序法上的不起诉制度，也提供了多重出罪的思路。这就告诉我们，对一个案件的考虑视角是多元的，建立阶层、递进式的犯罪检验思路非常重要，体系本身没有对错，应该根据具体案件选择最适合的犯罪论体系进行分析。

【法条链接】

《刑法》

第十三条 一切危害国家主权、领土完整和安全，分裂国家、颠覆人民民主专政的政权和推翻社会主义制度，破坏社会秩序和经济秩序，侵犯国有财产或者劳动群众集体所有的财产，侵犯公民私人所有的财产，侵犯公民的人身权利、民主权利和其他权利，以及其他危害社会的行为，依照法律应当受刑罚处罚的，都是犯罪，但是情节显著轻微危害不大的，不认为是犯罪。

第一百四十条 生产者、销售者在产品中掺杂、掺假，以假充真，以次充好或者以不合格产品冒充合格产品，销售金额五万元以上不满二十万元的，处二年以下有期徒刑或者拘役，并处或者单处销售金额百分之五十以上二倍以下罚金；销售金额二十万元以上不满五十万元的，处二年以上七年以下有期徒刑，并处销售金额百分之五十以上二倍以下罚金；销售金额五十万元以上不满二百万元的，处七年以上有期徒刑，并处销售金额百分之五十以上二倍以下罚金；销售金额二百万元以上的，处十五年有期徒刑或者无期徒刑，并处销售金额百分之五十以上二倍以下罚金或者没收财产。

第一百四十一条 生产、销售假药的，处三年以下有期徒刑或者拘役，并处罚金；对人体健康造成严重危害或者有其他严重情节的，处三年以上十年以下有期徒刑，并处罚金；致人死亡或者有其他特别严重情节的，处十年以上有期徒刑、无期徒刑或者死刑，并处罚金或者没收财产。

药品使用单位的人员明知是假药而提供给他人使用的，依照前款的规定处罚。

《药品管理法》

第九十八条 禁止生产（包括配制，下同）、销售、使用假药、劣药。

有下列情形之一的，为假药：

（一）药品所含成份与国家药品标准规定的成份不符；

（二）以非药品冒充药品或者以他种药品冒充此种药品；

（三）变质的药品；

（四）药品所标明的适应症或者功能主治超出规定范围。

有下列情形之一的，为劣药：

（一）药品成份的含量不符合国家药品标准；

（二）被污染的药品；

（三）未标明或者更改有效期的药品；

（四）未注明或者更改产品批号的药品；

（五）超过有效期的药品；

（六）擅自添加防腐剂、辅料的药品；

（七）其他不符合药品标准的药品。

禁止未取得药品批准证明文件生产、进口药品；禁止使用未按照规定审评、审批的原料药、包装材料和容器生产药品。

最高人民法院、最高人民检察院《关于办理危害药品安全刑事案件适用法律若干问题的解释》

第十一条第二款 销售少量根据民间传统配方私自加工的药品，或者销售少量未经批准进口的国外、境外药品，没有造成他人伤害后果或者延误诊治，情节显著轻微危害不大的，不认为是犯罪。

昆明“3·01”暴恐案

【案情介绍】

受宗教极端思想的影响，2013年12月以来，依斯坎达尔·艾海提、吐尔洪·托合尼亚孜、玉山·买买提、帕提古丽·托合提四人和阿卜杜热伊木·库尔班、艾合买提·阿比提、阿尔米亚·吐尔逊、盲沙尔·沙塔尔等八人伙同依明·毛拉、玉苏甫·牙森、巴拉提·阿卜杜赛麦提、艾力·伊敏、萨拉木·马木提（另案处理）相互邀约，逐步形成恐怖组织。

该组织策划在昆明火车站或个旧火车站以杀人方式实施暴力恐怖活动，并准备了刀具，制作了暴恐旗帜。

2014年2月27日，该组织成员依斯坎达尔·艾海提、吐尔洪·托合尼亚孜、玉山·买买提3人因涉嫌偷越国境在云南省沙甸回族乡被民警抓获。

3月1日，因联系不上上述三人，该组织中其余5人即商定即日按原计划在昆明火车站实施暴力恐怖活动，5人遂携带作案工具，租车从沙甸到达昆明火车站。当日21时12分许，5人持刀，先后从火车站临时候车区开始，经站前广场、第二售票区、售票大厅、小件寄存处等地，打出暴恐旗帜，肆意砍杀无辜群众，致31人死亡，141人受伤，其中40人系重伤。因抗拒抓捕，帕提古丽·托合提被民警开枪击伤并抓获，其余4人被当场击毙。3月3日下午该案成功告破。昆明市人民检察院3月29日分别以涉嫌组织、领导、参加恐怖组织罪和故意杀人罪，依法批准逮捕昆明“3·01”暴恐案4名犯罪嫌疑人。

2014年9月12日上午，云南省昆明市中级人民法院依法公开开庭审理昆明“3·01”暴恐案。本案一审庭审现场曝光了全程监控。监控画面显示，5人持刀进入临时候车厅，分散在人群中，突然开始持刀行凶，砍杀群众，候车厅一片混乱，多名无辜群众当场遇害。经查明，该案是以阿卜杜热伊木·库尔班为首的暴力恐怖团伙所为。该团伙共有8人（6男2女），现场被公安机关击毙4名、击伤抓获1名（女），其余3名落网。

法院经依法审理，以组织、领导恐怖组织罪和故意杀人罪数罪并罚判处依斯坎达尔·艾海提、吐尔洪·托合尼亚孜、玉山·买买提死刑；以参加恐怖组织罪和故意杀人罪数罪并罚判处帕提古丽·托合提无期徒刑。

2014年10月31日，云南省高级人民法院二审公开开庭审理昆明“3·01”暴恐案。

云南省高级人民法院认为，上诉人玉山·买买提和原审被告人依斯坎达尔·艾海提邀约、纠集他人参加恐怖组织，原审被告人吐尔洪·托合尼亚孜提供资金用于恐怖组织活动，三人在恐怖组织中均起组织、领导作用，并共同策划了在昆明火车站实施的暴力恐怖活动，三人应对恐怖组织及其组织、指挥的全部犯罪承担刑事责任。原审被告人帕提古丽·托合提积极参加恐怖组织，并参与实施杀人行为，应对其参与的全部犯罪承担刑事责任。本案犯罪手段特别残忍，情节特别恶劣，后果特别严重，社会危害性极大，四名原审被告人主观恶性极深，人身危险性极大，应当依法严惩。

上诉人玉山·买买提关于没有实施杀人行为，不构成故意杀人罪的上诉理由，均与查明的事实及法律规定不符，不能成立。昆明市中级人民法院认定被告人依斯坎达尔·艾海提、吐尔洪·托合尼亚孜、玉山·买买提犯组织、领导恐怖组织罪、故意杀人罪，被告人帕提古丽·托合提犯参加恐怖组织罪、故意杀人罪的事实清楚，证据确实、充分，所作判决定罪准确，量刑适当，审判程序合法。被告人帕提古丽·托合提属于恐怖组织的积极参加者和杀人行为的实施者，罪行极其严重，但其作案时系怀孕的妇女，依法不适用死刑。

据此，云南省高级人民法院依法作出二审裁定：驳回上诉，维持原判。并当庭裁定，驳回玉山·买买提的上诉，维持一审对依斯坎达尔·艾海提、吐尔洪·托合尼亚孜、玉山·买买提的死刑判决以及判处帕提古丽·托合提无期徒刑的判决。

经最高人民法院核准，2015年3月24日，昆明市中级人民法院依法对昆明“3·01”暴恐案中犯有组织、领导恐怖组织罪、故意杀人罪的被告人依斯坎达尔·艾海提、吐尔洪·托合尼亚孜、玉山·买买提3名罪犯执行死刑。[1]

【法理分析】

昆明“3·01”暴恐案发生于2014年，当一篇篇报道、一张张照片涌入视线，任何有良知的人都不可能不被触动。这是我国近年来发生在大城市的最严重的恐怖主义事件，其影响力、破坏力再次提醒世人，恐怖主义是全人类的公敌，必须全力支持反恐。反对恐怖主义，就是保护人类自己。

一、本案涉及的刑法定罪问题

我国1997年《刑法》规定了组织、领导、参加恐怖组织

[1] 根据2014年3月3日央视网“昆明‘3·01’严重暴力恐怖事件”节目整理。

罪，该罪名属于危害公共安全罪范畴，但当时法律上并没有对恐怖活动的定义。之后，2011 年 10 月 29 日，全国人大常委会通过了《关于加强反恐怖工作有关问题的决定》，第一次明确了恐怖活动、恐怖活动组织与恐怖活动人员等相关定义。2015 年 12 月 27 日，《反恐怖主义法》通过，该法正式明确了恐怖主义的定义，并规定完善了我国的反恐响应机制及反恐体系，厘清了法律之间的关系，建构起我国的反恐基本法。2018 年我国又对《反恐怖主义法》予以了修订。《反恐怖主义法》第 3 条第 1 款明确指出："本法所称恐怖主义，是指通过暴力、破坏、恐吓等手段，制造社会恐慌、危害公共安全、侵犯人身财产，或者胁迫国家机关、国际组织，以实现其政治、意识形态等目的的主张和行为。"

我国现行《刑法》中的涉恐类犯罪罪名有：组织、领导、参加恐怖组织罪，帮助恐怖活动罪，准备实施恐怖活动罪，宣扬恐怖主义、极端主义、煽动实施恐怖活动罪，利用极端主义破坏法律实施罪，强制穿戴宣扬恐怖主义、极端主义服饰、标志罪，非法持有宣扬恐怖主义、极端主义物品罪。由这些罪名可以看出，我国《刑法》对恐怖主义相关的犯罪规制不断堵截漏洞，严密法网，形成了从预备行为、实行行为到相关帮助行为、协助行为等一系列行为的规制体系。把相应的行为实行化、正犯化，使得涉恐犯罪的各类行为都有明确规制依据，不再依附于单一罪名，立法更符合实际需要，更符合罪刑法定原则。我国刑法坚持单一刑法典模式，定罪量刑都以现行《刑法》为基础，这种模式便于司法工作人员统一适用。

根据本案案情，当日的 21 时 12 分许，本案的 5 名被告人持刀，从火车站临时候车区开始，经站前广场、第二售票区、售票大厅、小件寄存处等地，打出暴恐旗帜，肆意砍杀无辜群众，致 31 人死亡，141 人受伤，其中 40 人系重伤。整个过程是一场真实的“噩梦”，无数群众的肉体和精神遭受摧残，暴恐组织的罪行被暴露在全社会当中。

组织、领导、参加恐怖组织罪是选择性罪名，行为人只要符合其一就构成该罪。该罪名针对的是典型的犯罪组织，至于行为人在该组织中再实施的其他类型犯罪，一律数罪并罚处理。本案的几名被告人都是恐怖组织成员，有明确的分工，有人是组织、领导者，有人是参加者。他们形成合力，目的明确，就是为了造成大量普通民众伤亡，引发社会恐慌，实现卑劣的政治诉求。他们随意砍杀旅客的行为又构成故意杀人罪，在短时间内，他们共造成了 31 人死亡，应当以组织、领导、参加恐怖组织罪与故意杀人罪并罚。

昆明市中级人民法院一审宣判，分别以组织、领导恐怖组织罪、故意杀人罪，数罪并罚判处被告人依斯坎达尔·艾海提、吐尔洪·托合尼亚孜、玉山·买买提死刑，剥夺政治权利终身；以参加恐怖组织罪、故意杀人罪，数罪并罚判处被告人帕提古丽·托合提无期徒刑，剥夺政治权利终身。该判决定性准确，界定合理。

二、本案涉及的刑法量刑问题

本案手段残忍、后果严重、影响重大。由于恐怖主义犯罪的严重危害性和该案造成的极为震撼的影响，对本案被告人判处死刑符合罚当其罪原则。

在我国仍然存有死刑的当下，死刑适用于恐怖主义犯罪。恐怖主义犯罪历来是危害极为严重、性质极为恶劣的一类犯罪，对社会治理的打击是致命的，打击恐怖主义犯罪是为了维护人类文明的底线，更是保障每位公民最基本的生命权。

根据本案的最终判决，被告人依斯坎达尔·艾海提、吐尔洪·托合尼亚孜、玉山·买买提三人被判处死刑立即执行，帕提古丽·托合提被判处无期徒刑。死刑是本案适用的主要判罚。

依斯坎达尔·艾海提等三人未参与实际暴恐袭击即被抓获，那么，他们是否该适用死刑立即执行呢？实际上，这三人都是本案的主犯、策划者，依斯坎达尔·艾海提还是恐怖组织的领导者、负责人，在整个恐怖活动中起着极为重要的作用，地位特殊。没有他们三人的策划安排，该恐怖活动就不能如此顺利地进行。就一个犯罪集团来说，内部往往存在着明确的层级关系，犯罪集团的首要分子负责该集团的一切犯罪事务，不一定每次犯罪活动都自己前去参加。组织者是犯意的发起者，具体行动的谋划者，理应承担更重的责任。况且本案中，该三人再被抓获后，仍然保守秘密，毫无悔罪态度，主观恶性极大，恐怖主义的威胁仍未消除。因此，对其仍以死刑论处是合适的。

所以，他们看似是恐怖行为的非直接实行者，也是恐怖活动犯罪的主犯，承担着主要责任。在集团犯罪中，要根据内部的分工及实际所起的作用综合判断，而不以实行犯为首为单一判断标准。

需要注意的是，本案危害后果极为严重，影响极为恶劣，造成无辜群众死亡的人数多达 31 人。这种攻击是无差别、无源头的，那么对本案中的多名被告人适用死刑完全是合适的，不用刻意限制死刑的适用人数。

至于被告人帕提古丽·托合提被判处无期徒刑，也完全是合适的。首先，她不是恐怖活动的组织者、策划者，犯意不由其发起，应对其本人实行的罪行承担责任，不能让其承担所有参与者的责任。其次，该被告人已经怀孕，根据国际公约和我国《刑法》规定，对怀孕的妇女不适用死刑。只要是在整个刑事诉讼阶段怀孕的，一律不适用死刑。该规定体现了对怀孕女性的特殊保护，没有例外。再次，我国的死刑制度包括死刑立即执行和死刑缓期二年执行两种方式，死刑缓期二年执行亦属于死刑。所以对孕妇不适用死刑，也包括不适用死刑缓期二年执行。对其能适用的最重刑罚就是无期徒刑，本案根据罪刑法定原则、罪责刑相适应原则，对其适用无期徒刑，是合适的。

对于本案的被告人被判处死刑立即执行，仍然应从客观危害、主观恶性和人身危险性方面综合判断。这几个被告人全程参与了恐怖犯罪，在恐怖行动中表现积极。在共同犯罪中，完全可能存在多名被告人同时都是主犯的情况，本案就是这种情况。

至此，本案的组织、策划者和实行者，均被找到并被判处了应有的刑罚。这起震惊世界的恐怖袭击案终于落幕。

三、恐怖活动犯罪的特点

有学者曾经归纳，当代恐怖主义犯罪特点表现在五个方面：①恐怖主义犯罪的目的和动机具有意识形态特征。基于不同目的的恐怖主义类型呈多样化发展。②犯罪主体构成趋于复杂化。体现在参与恐怖活动的成员复杂、国家作为恐怖主义主体形态的存在以及恐怖组织网络化发展方面。③犯罪对象任意且结果恐怖。看似随意的攻击目标实际上是恐怖主义者精心选择的结果。④犯罪手段的残忍性、系统性和现代性。恐怖分子除了采取爆炸等残忍手段实施恐怖活动外，还利用现代科技成果实施恐怖主义犯罪。⑤恐怖主义犯罪趋于国际化发展。可以从恐怖主义产生的根源以及国际社会所采取的反恐措施等方面追寻到恐怖主义犯罪国际化发展的踪迹。[1]这些特点分别体现了恐怖主义犯罪的目的、结构、对象、手段、对外联系特点，呈现出恐怖主义犯罪的多重面向，笔者完全赞同。

本案就完全呈现出这些特征。几名被告人被极端主义“洗脑”，加入了恐怖组织，经过了长期谋划，企图在我国内陆地区制造恐慌，实现卑劣的政治目的，威胁政府及社会大局稳定，这也构成了其与一般的犯罪组织的极大不同。这几名被告人与境外联系紧密，长期受境外恐怖组织影响。组织内部分工明确，有筹划者、有具体的实行者，对于去哪儿实施、怎么实施预先都有计划。本案在人流密集的省会城市火车站广场实行，面对的都是普通乘客和周边群众，行动极易在短时间内造成人员死伤，且对南来北往的旅客造成扩散性影响，使恐慌情绪蔓延到全国。这一切都凸显出行为的“恐怖性”。根据新闻报道，本案作案地点、作案方式都经过了犯罪分子的专门选择，他们就是想最大限度追求恐怖活动的效果，而又减少当场的损伤，可见恐怖分子的主观恶性较大。这起暴恐事件是我国发生的恐怖事件中的一件，与世界的恐怖活动形势密切相连，也充分反映出我国坚持反恐的紧迫性。

以上这些特点充分反映出本案的极大破坏性和恶劣影响。恐怖分子穷凶极恶，以无辜群众的生命作为自己的极端工具，让恐怖活动的边界不断向内地拓展。这也是我国自新疆“7·5”恐怖袭击案、北京金水桥恐怖袭击案之后的又一起重大恐怖犯罪案件。区分恐怖主义犯罪与其他类型有组织犯罪的最大差异就是恐怖主义犯罪活动存在政治目的，有政治诉求。虽然有些犯罪案件行为人也有报复社会的目的，从而造成无差别的人员

---

〔1〕 王雪梅：“恐怖主义犯罪发展特点分析”，载《环球法律评论》2013年第1期。

死伤，但这与明确的政治目的是不同的，犯罪组织要认定为恐怖主义组织，也有严格的要求和过程。

四、大城市反恐的启迪

当下的恐怖主义活动呈现出了一些新特点，如恐怖人员流动性增强、网络恐怖主义兴起、“独狼式”恐怖袭击频现、恐怖活动资金来源多样、策略更加狡猾等。为此，反恐行动也要随之升级。昆明“3·01”暴恐案就发生在昆明这一区域中心的省会城市，多民族聚集，还靠近边界。这类大城市的反恐有特殊性。世界大都市伦敦、巴黎、纽约的反恐经验值得我们参考。

伦敦、巴黎都属于世界级大都市，都是首都，纽约虽不是首都，但是全球重要城市，人员密集，是世界的经济中心之一。这些城市通过反恐法案、基础设施分类安保、建立恐怖分子数据库等多重手段，建立起立体式的反恐网。总体上看，我国大城市反恐措施可重点考虑以下内容：

第一，防范有重点。其一，重点时间防范。节假日如春节、国庆黄金周、春运前后等应作为重点时间防范。公安机关应与重大活动负责人联系，共同负责好安保工作。其二，重要地点防范。目前我国对交通系统，政府部门防范已然到位，但在其他敏感及其他脆弱地点防范有所疏漏。一些开放式景区由于客流量大，安保脆弱，易于进出等特点应得到格外关注。重要基础设施所在地应加强巡逻。水利设施、通信设施以及交通设施等对城市有着至关重要的作用。人口密度大的小区也应同样注意。如很多城市都有大型聚居小区，规模的扩大使得风险也提高了。大型活动商业区，如大型商场等地均应加强巡逻，防止恐怖分子袭击。根据《反恐怖主义法》第31条、第32条规定，恐怖袭击重点目标应确定并备案，在此基础上，对重点目标

“同步设计、同步建设、同步运行”。人员密集、标志显著、重要安保区域都属于重点目标，都应当同步协调，加强反恐力量。

第二，全民共反恐。其一，建立民众反恐教育机制。通过分发反恐小册子，发布反恐宣传片，组织反恐演习活动，开展讲座等方法普及反恐知识以增强民众遇到紧急状况的处理能力。这种普及工作能深入群众，让大家“自愿、乐意”参与进来。要积极通过各种渠道帮助民众识别恐怖分子以及避免危险状况。其二，要建立健全民众参与与互动机制。当前，民众可以通过四种方式进行举报：包括110电话举报、微博私信举报、邮件举报以及去公安局举报。举报途径可以更加便民化，以有效避免因错过最佳时机举报而造成的麻烦。可以参考纽约市警方单独研发一个APP，这样有利于保护民众隐私，同时也方便执法部门汇总。也可以与互联网公司合作，开通微信、QQ等网络举报渠道，方便及时发送照片与文字。此外，地方政府应定期举办回访活动来确定反恐工作开展是否顺利，需要如何改进等；同时鼓励民众积极现言献策，如哪些地方问题频发，安保比较薄弱，亟须进一步加强等。

第三，特殊时期，特殊处理。伦敦市警方设计了一个反恐等级表，大致分为：低级（不可能遭受攻击）、中度（存在遭受攻击的可能性，但总体上不太可能发生）、高级（遭受攻击有较强的可能性）、严重（极其可能遭受攻击）和至关重要（攻击迫在眉睫）。我国大城市也可以根据情报信息与日常状况向公民发布日常反恐等级信息。如若等级有所提高，可以配套采取相应的办法。比如，考虑加强对流动人口和暂住人口的管理，外来人口应办理暂住证、增加出入境检查，高速公路出入口增加安检程序、增加民警巡逻等。根据我国《反恐怖主义法》规定，我国分级、分类制定国家应对处置预案，这能在有针对地在保障安全和维护正常生活间寻求平衡。

城市反恐具有更突出的紧迫性，更现实、更严峻。城市反恐是整个中国反恐的重要领域，这就需要投入更大的力量，布局更细致的工作。只有在平时保持高度戒备，发动群众共同参与，城市反恐的点线面才能结合地更到位。

恐怖分子的行径令人发指，危害巨大，理应遭到全社会谴责。暴恐分子所挑战的，是人类文明共同的底线。

我国一贯主张反对一切形式的恐怖主义，对于国内存在的恐怖主义风险，我们采取社会综合治理的方式多面出击，尽力消除恐怖犯罪的产生土壤。值得欣慰的是，紧挨边界的新疆维吾尔自治区已经连续好几年未发生一起恐怖袭击，社会秩序整体稳定，这个整体向好形势依赖于各项有效政策的出台，还依赖于各级干部不折不扣的执行。希望有效、有针对性的反恐策略能够继续保持，维护我国稳定的安全形势。

关于恐怖主义犯罪治理，我国《刑法》中的恐怖主义相关犯罪规定已经比较全面完善，但是，我国关于涉恐犯罪的基础罪名仍然只是恐怖组织类犯罪，而非恐怖活动罪。恐怖活动本身目前没有被单独犯罪化。我国在未来的修法中，可以考虑专设实施恐怖活动罪，将恐怖活动行为单独定罪规制。因为，单独的恐怖活动已能彰显恐怖主义的主观危害，客观上会造成巨大的社会危害，并引起恐慌，若只有达到恐怖组织的程度才能定罪，法益保护就显得滞后，证明上也更为困难。暴恐类犯罪的治理要提早发现、全面覆盖、不留漏洞，增设专门的实施恐怖活动罪符合这一要求，也是应有之义。

五、反恐国际合作的面向

反恐需要国际社会的广泛合作，但国际合作的分歧又制约了合作的广度和深度。虽然国际社会在形式上越来越重视合作，但实际上却没有真正遏制恐怖势力的发展和蔓延。当下严峻的形势要求各国各地反恐行动加强协调，相互取长补短，增强实效。现代社会提出了新的安全观：合作安全，一个国家的安全利益是与国际社会的安全利益结合在一起的。[1]也就是说，世界不再是封闭的，维护本国安全以世界的和平安全为前提。单凭一个国家的力量，也不可能对抗来自各处的、各种利益交错的恐怖主义。在这个意义上，加强反恐的国际合作刻不容缓。

中国是联合国安理会常任理事国，也是世界上人口最多的国家。近年来，中国同样面临着恐怖主义的威胁，一些暴恐事件的发生极大地损害了普通民众的生命、财产安全。随着中国在世界的影响力越来越大，参与反恐的国际合作不仅有利于树立中国的国际形象，而且也有利于中国自身的国家安全。中国在国际舞台上的作用日益凸显，在各种框架中都应成为推动反恐合作的主要力量。

（一）联合国框架内的反恐合作

我国一贯坚持在联合国安理会框架内与国际反恐力量合作，共同打击国际恐怖主义。我国是世界反恐的积极力量，联合国是维护世界和平与安宁的最广泛的国际组织，联合国安理会是唯一有权采用合法军事手段的机构，我国向来重视联合国这一重要国际组织的作用。面对恐怖主义在世界蔓延的趋势，联合国应当发挥更积极的作用，表达立场。

2006 年，联合国大会全体会员国第一次一致商定了一份打击恐怖主义危害的共同战略框架：《联合国全球反恐战略》。该战略是一份独有的旨在加强国际社会打击恐怖主义四大支柱的

---

〔1〕 廉颖婷："专家称双边合作是国际反恐最有效形式"，载《法制日报》2015 年 1 月 10 日。

文书：①消除有利于恐怖主义蔓延的条件；②防止和打击恐怖主义；③建立各国防止和打击恐怖主义的能力以及加强联合国系统在这方面的作用；④确保尊重所有人的人权以及确保以法治作为反恐斗争的基础。[1]联合国专门成立了反恐委员会，其反恐的形式也围绕上述四大支柱展开。这就呼吁国际社会携起手来，在符合国际法的前提下，从恐怖主义防范到恐怖主义打击，全面、一体化开展反恐行动。

中国参与联合国反恐的形式包括积极向海外派驻维和部队、维和警察，磋商采取一致行动，制裁措施，冻结涉恐账户款项，与其他国家合作开展执法行动等。我国作为联合国安理会常任理事国，在涉恐问题上态度坚决。中国通过在安理会小组辩论、讨论投票，表达我方立场，对世界范围内的各恐怖主义采取一视同仁的态度。

联合国反恐遇到的问题是，各国利益诉求不一，对恐怖主义的具体界定存在分歧。在国际层面，至今没有一个完整的关于恐怖主义犯罪定义的共识，国际刑事法院也未将恐怖主义犯罪列为其可以管辖的国际罪名。特别是如何对待一国的民族解放运动，至今难以达成共识。针对这一现状，各国应广泛协商，求同存异，避免“双重标准”，避免让恐怖分子因为各国认识的不同而逍遥法外，甚至得到庇护。各方应本着合作和建设性态度参与《关于国际恐怖主义的全面公约》的制定，以完善反恐国际法律制度。

联合国的地位不可替代，若绕开联合国开展反恐行动，不仅欠缺法律依据，而且效果有限、难以促成各方协调。未来，我国参与的反恐合作仍应以联合国框架为基础，让各方的声音

---

〔1〕“联合国反恐行动”，载 http://www.un.org/zh/counterterrorism/index.shtml，2017 年 4 月 21 日访问。

都能平等发出，让恐怖分子没有藏身之地。

（二）与周边国家的反恐合作

习近平总书记指出，我国同周边国家毗邻而居，开展安全合作是共同需要。要坚持互信、互利、平等、协作的新安全观，倡导全面安全、共同安全、合作安全的理念，推进同周边国家的安全合作，主动参与区域和次区域安全合作，深化有关合作机制，增进战略互信。[1]可见，与周边国家、地区开展安全合作，已成为我国总体安全观的一部分。与中国接壤、相邻的国家众多，形势复杂，必须共同合作面对纷繁的恐怖主义形势。

中国与周边国家的反恐合作是在双边框架内进行的。比如，中国帮助阿富汗增强安全执法行动能力，推动其打击恐怖主义，还动员其周边的塔吉克斯坦、巴基斯坦共同与中阿双方合作，进行了首届“阿中巴塔”四国军队反恐合作高级领导人会议，并使其机制化。[2]中国与不同国家进行不同程度的反恐合作，共享情报，联合演习，帮助其培养反恐力量。根据各国情况的不同，双方反恐合作的内容倾向也不同。在东南方向，中越之间主要存在的是恐怖分子。在中越“天清—2016”联合反恐演练中，双方边防部队主要针对此方面问题加强合作。而与马来西亚和印度尼西亚的反恐合作则更多地倾向于打击国际恐怖势力的串联。[3]这种反恐合作方式属于我国整体外交的一部分，根据各国之间、周边环境的不同情况，我国与其开展不同的合作，针对性更强，更能发挥作用。

在“一带一路”倡议下，我国的反恐布局更广更高效。中

[1] “习近平：对反恐联合国应有更大作为”，载《新京报》2014年5月20日。

[2] 党小飞：“程国平：加强全球反恐合作，维护世界和平稳定”，载《今日中国（中文版）》2017年第4期。

[3] 王伟岳：“2016年中国参与国际反恐合作概况”，载 http://cati.nwupl.cn/Item/15874.aspx，2018年5月19日访问。

国出台的《反恐怖主义法》将反恐工作纳入国家安全战略，构成了一部小型反恐刑法。“一带一路”沿线形成了恐怖主义弧形带，中东、中亚一带是陆地恐怖主义的多发地，东南亚一带是海上恐怖主义的多发地。我国反恐合作的主要走向应针对上述周边地区，他们关系到恐怖势力是否会越境影响我国安全，也关系到“一带一路”战略能否落实。中国与“一带一路”沿线沿岸各国应通过双边条约、声明等方式表达反恐立场，在对恐怖组织的认定、恐怖人员的追逃打击、恐怖活动资金的追缴上相向而行，使恐怖活动无立足之地。〔1〕

我国《反恐怖主义法》第 71 条规定：“经与有关国家达成协议，并报国务院批准，国务院公安部门、国家安全部门可以派员出境执行反恐怖主义任务。中国人民解放军、中国人民武装警察部队派员出境执行反恐怖主义任务，由中央军事委员会批准。”这一规定明确了我国派员参与境外反恐的法律依据，是反恐国际合作的一种新形式。根据该规定，可派员出境执行反恐任务的主体为公安部门、国家安全部门、中国人民解放军、中国人民武装警察部队，前提是要与有关国家达成协议，这是其参与的国际法依据。

出境执行反恐任务，体现了我国参与反恐的主动性。针对恐怖主义发展的新形势，改变被动预防的局面，从境内堵塞漏洞到主动赴境外打击恐怖主义产生的源头，这种“主动出击”为境外国家消除隐患，同时又促进了我国的反恐工作。

（三）上海合作组织框架内的反恐合作

上海合作组织是 2001 年 6 月 15 日在上海成立的，由哈萨克

---

〔1〕 焦阳：“‘一带一路’视野下的反恐措施研究”，载赵秉志、莫洪宪、齐文远主编：《中国刑法改革与适用研究》（下卷），中国人民公安大学出版社 2016 年版，第 774 页。

斯坦、中国、吉尔吉斯斯坦、俄罗斯、塔吉克斯坦、乌兹别克斯坦六国组成的永久性政府间国际组织。在该组织成立当天，六国元首共同签署了《打击恐怖主义、分裂主义和极端主义上海公约》，该公约对“恐怖主义”“分裂主义”“极端主义”这三股势力进行了明确界定，并对三股势力相互纠缠的形势作出了判断。各成员国于2009年6月在俄罗斯签署了《上海合作组织反恐怖主义公约》，这个公约对相关概念予以具体化，对恐怖主义的指向更明确。上海合作组织欲在成员国之间建立一个政府间的反恐合作机制，协调各方行动，共同应对中亚、东亚恐怖主义威胁。该组织在2017年6月9日，签订了《上海合作组织反极端主义公约》，明确了极端主义的危害，会议赞成上合组织成员国主管机关对具有极端主义倾向的宗教破坏活动采取联合措施。这表明，反恐与打击三股势力一直都是相伴的，对宗教极端主义的清理，找准了我国暴恐犯罪产生的思想根源，有利于遏制民族分裂势力。

上海合作组织框架内的反恐合作是我国参与的成果颇为丰硕的反恐合作。上海合作组织的优势在于，各成员国之间关系良好、互信强、政治稳定、有共同利益，因而他们对恐怖主义的定义、反恐合作的内容较容易达成共识。各成员国之间有广泛接壤的边境，能协调一致行动。

上海合作组织有两个常设机构，分别是设在北京的上海合作组织秘书处和设在塔什干的上海合作组织地区反恐怖机构执行委员会。前者负责上海合作组织的日常事务，后者具体负责反恐的执行。上海合作组织反恐执委会深入恐怖主义多发的周边地区，与各地区达成反恐协议；它还与其他国际组织，如联合国、国际刑警组织、独联体集体安全条约组织、独联体反恐中心、欧洲安全与合作组织等组织开展反恐合作，加强各地区的安全保障。

目前我国在上海合作组织反恐合作中起主导作用，上海合作组织不是区域军事同盟，而是团结合作的区域组织。在上海合作组织框架下，我国与各成员国开展联合军事演习，目的就是为了反恐。上海合作组织的运作实践已取得显著成效，为周边安全贡献了力量。

上海合作组织的反恐实践不仅有利于区域安全稳定，还能够为国际组织的反恐实践提供经验。上海合作组织在反恐问题上形成一个声音、一个行动，这对世界范围内各国反恐立场难以协调、资源难以共享的现状给予了很好回应。

目前，上海合作组织的反恐实践还面临一些困难，包括非本区域国家介入本区域纠纷、各国在反恐上的协调机制还不够完善，特别是合作的法律机制还需进一步构建。各国应当建构统一的反恐标准，提升反恐执行力，以制度建设推动反恐合作的深入开展。

昆明“3·01”暴恐案虽已经过去七年了，案件带来的深远影响却一直在持续。城市反恐是一项系统工程，为了让大众不再遭受创伤，维持社会安宁，我们有必要及时总结已有的成功经验，调整法律法规，遏制恐怖活动发生蔓延。以上法律、社会政策、文化、国际合作等领域的反恐对策，只有全面贯彻，才能起到有力的效果。

【法条链接】

《刑法》

第二十五条 共同犯罪是指二人以上共同故意犯罪。

二人以上共同过失犯罪，不以共同犯罪论处；应当负刑事责任的，按照他们所犯的罪分别处罚。

第二十六条 组织、领导犯罪集团进行犯罪活动的或者在共同犯罪中起主要作用的，是主犯。

三人以上为共同实施犯罪而组成的较为固定的犯罪组织，是犯罪集团。

对组织、领导犯罪集团的首要分子，按照集团所犯的全部罪行处罚。

对于第三款规定以外的主犯，应当按照其所参与的或者组织、指挥的全部犯罪处罚。

第一百二十条 组织、领导恐怖活动组织的，处十年以上有期徒刑或者无期徒刑，并处没收财产；积极参加的，处三年以上十年以下有期徒刑，并处罚金；其他参加的，处三年以下有期徒刑、拘役、管制或者剥夺政治权利，可以并处罚金。

犯前款罪并实施杀人、爆炸、绑架等犯罪的，依照数罪并罚的规定处罚。

第一百二十条之一 资助恐怖活动组织、实施恐怖活动的个人的，或者资助恐怖活动培训的，处五年以下有期徒刑、拘役、管制或者剥夺政治权利，并处罚金；情节严重的，处五年以上有期徒刑，并处罚金或者没收财产。

为恐怖活动组织、实施恐怖活动或者恐怖活动培训招募、运送人员的，依照前款的规定处罚。

单位犯前两款罪的，对单位判处罚金，并对其直接负责的主管人员和其他直接责任人员，依照第一款的规定处罚。

第一百二十条之二 有下列情形之一的，处五年以下有期徒刑、拘役、管制或者剥夺政治权利，并处罚金；情节严重的，处五年以上有期徒刑，并处罚金或者没收财产：

（一）为实施恐怖活动准备凶器、危险物品或者其他工具的；

（二）组织恐怖活动培训或者积极参加恐怖活动培训的；

（三）为实施恐怖活动与境外恐怖活动组织或者人员联络的；

（四）为实施恐怖活动进行策划或者其他准备的。

有前款行为，同时构成其他犯罪的，依照处罚较重的规定定罪处罚。

第一百二十条之三 以制作、散发宣扬恐怖主义、极端主义的图书、音频视频资料或者其他物品，或者通过讲授、发布信息等方式宣扬恐怖主义、极端主义的，或者煽动实施恐怖活动的，处五年以下有期徒刑、拘役、管制或者剥夺政治权利，并处罚金；情节严重的，处五年以上有期徒刑，并处罚金或者没收财产。

第一百二十条之四 利用极端主义煽动、胁迫群众破坏国家法律确立的婚姻、司法、教育、社会管理等制度实施的，处三年以下有期徒刑、拘役或者管制，并处罚金；情节严重的，处三年以上七年以下有期徒刑，并处罚金；情节特别严重的，处七年以上有期徒刑，并处罚金或者没收财产。

第一百二十条之五 以暴力、胁迫等方式强制他人在公共场所穿着、佩戴宣扬恐怖主义、极端主义服饰、标志的，处三年以下有期徒刑、拘役或者管制，并处罚金。

第一百二十条之六 明知是宣扬恐怖主义、极端主义的图书、音频视频资料或者其他物品而非法持有，情节严重的，处三年以下有期徒刑、拘役或者管制，并处或者单处罚金。

第二百三十二条 故意杀人的，处死刑、无期徒刑或者十年以上有期徒刑；情节较轻的，处三年以上十年以下有期徒刑。

《反恐怖主义法》

第三条 本法所称恐怖主义，是指通过暴力、破坏、恐吓等手段，制造社会恐慌、危害公共安全、侵犯人身财产，或者胁迫国家机关、国际组织，以实现其政治、意识形态等目的的主张和行为。

本法所称恐怖活动，是指恐怖主义性质的下列行为：

（一）组织、策划、准备实施、实施造成或者意图造成人员伤亡、重大财产损失、公共设施损坏、社会秩序混乱等严重社会危害的活动的；

（二）宣扬恐怖主义，煽动实施恐怖活动，或者非法持有宣扬恐怖主义的物品，强制他人在公共场所穿戴宣扬恐怖主义的服饰、标志的；

（三）组织、领导、参加恐怖活动组织的；

（四）为恐怖活动组织、恐怖活动人员、实施恐怖活动或者恐怖活动培训提供信息、资金、物资、劳务、技术、场所等支持、协助、便利的；

（五）其他恐怖活动。

本法所称恐怖活动组织，是指三人以上为实施恐怖活动而组成的犯罪组织。

本法所称恐怖活动人员，是指实施恐怖活动的人和恐怖活动组织的成员。

本法所称恐怖事件，是指正在发生或者已经发生的造成或者可能造成重大社会危害的恐怖活动。

第七条　国家设立反恐怖主义工作领导机构，统一领导和指挥全国反恐怖主义工作。

设区的市级以上地方人民政府设立反恐怖主义工作领导机构，县级人民政府根据需要设立反恐怖主义工作领导机构，在上级反恐怖主义工作领导机构的领导和指挥下，负责本地区反恐怖主义工作。

于欢防卫案[1]

【案情介绍】

2016年4月13日，由杜某1等社会闲散人员组成的10多人的催债队伍多次骚扰苏银霞的工厂，辱骂、殴打苏银霞。案发前一天，催债人吴某在苏已抵押的房子里，指使手下拉屎，将苏银霞按进马桶里，要求其还钱。当日下午，苏银霞四次拨打110和市长热线，但并没有得到帮助。

4月14日，催债的手段升级，苏银霞和儿子于欢，连同一名职工，被带到公司接待室限制人身自由，11名催债人员围堵并控制了他们3人。其间，催债人员用不堪入耳的羞辱性话语辱骂苏银霞，并脱下于欢的鞋子捂在他母亲嘴上，甚至故意将烟灰弹到苏银霞的胸口。催债人员杜某2甚至脱下裤子，露出下体，侮辱苏银霞，令于欢濒临崩溃。外面路过的工人看到这一幕，让于欢的姑妈报警。

民警朱某明接警后到接待室，说了一句“要账可以，但是不能动手打人”，随即离开出外查看现场。被催债人员控制的于欢看到警察要走，情绪崩溃，站起来试图冲到屋外唤回警察，被催债人员拦住。混乱中，于欢从接待室的桌子上摸到一把尖

---

〔1〕 本文主体部分已发表于《外交评论》2019年增刊。

刀乱捅，致使杜某2等四名催债人员被捅伤。其中，杜某2因未及时就医导致失血性休克死亡，另两人重伤，一人轻伤。

该案一审中，被告人于欢被认定为构成故意伤害罪，被判处无期徒刑。也就是说，于欢的行为在一审中完全没有被认定为具有防卫性质。

2017年5月26日当天，聊城市冠县纪委、监察局官方网站发布处分决定称，经查，2016年4月13日，冠县崇文派出所副所长郭某金带领民警王某、张某超、辅警赵某鸣在处置苏银霞警情时，未能采取有效措施保护苏银霞的人身安全；2016年4月14日，冠县经济开发区派出所民警朱某明带领辅警宋某冉、郭某志在处置源大工贸公司警情时，在多名讨债人员限制苏银霞、于欢母子人身自由的情况下，对现场局势稳控不力。冠县公安局党委委员、正科级侦查员刘某林对分管联系的崇文派出所、经济开发区派出所工作指导不到位，负有重要领导责任；经济开发区派出所所长杨某负有主要领导责任。经研究并报冠县县委、县政府批准，决定给予刘某林行政记过处分；给予杨某党内严重警告处分；对崇文派出所所长栗某峰诫勉谈话；给予郭某金党内警告处分；给予朱某明党内严重警告、行政降级处分；分别给予王某、张某超警告处分。冠县公安局决定对赵某鸣通报批评，对宋某冉、郭某志予以辞退。

2017年6月23日，于欢案二审宣判，山东省高级人民法院认定于欢属防卫过当，构成故意伤害罪，判处于欢有期徒刑5年。〔1〕

【法理分析】

刑法中的正当防卫，是指对正在进行不法侵害行为的人，

〔1〕 根据原中央电视台"解密于欢案"节目整理。

采取的制止不法侵害并对不法侵害人造成一定限度损害的行为，该类行为由于被法律允许而不负刑事责任。正当防卫制度在世界各国刑法中都有体现，在我国也不例外。我国《刑法》第20条规定了正当防卫，它从防卫起因、防卫时间、防卫对象、防卫意图、防卫限度五个方面明确了正当防卫的认定标准。但是，司法与立法存在一定程度的“脱节”，司法工作人员面对形形色色的个案，往往出于各种考虑限缩了正当防卫的成立空间，造成了实际上抑制普通公民行使防卫权的现实。

于欢防卫案曾引发全社会激烈讨论，“辱母”“已报警”这些字眼不断冲击普通人的底线，社会舆论初期似乎把该案塑造为底线失守、寻求救济又不能的典型，于是于欢的一切行为都被看作理所当然。而在我国司法实践中，正当防卫的认定率又过低，在危急情况下见义勇为、愤激反抗的尺度很难把握，这极大挫伤了普通公民的积极性。以上情况共同导致了本案舆情爆发，于欢案于是成了被广泛讨论的全民事件。

正当防卫制度设立的初衷是鼓励公民同违法犯罪行为做斗争，保障公民的防卫权，正当防卫当然是合法的。从这一基点出发，才有了正当防卫的适用条件。正因为此，对于欢防卫案的分析不能忘掉“初心”，而应当在行为发生时，站在行为人的角度，综合当时的各方面环境，全面分析行为的性质。

于欢防卫案以及其他涉及正当防卫的案子中，有以下几个主要争议问题需要讨论：已有不法行为的人能否实施防卫、报警之后能否再防卫、防卫行为能否使用已有的工具、如何判断防卫的限度等。这些问题也体现了实践中认定正当防卫的局限性所在，笔者就以于欢防卫案为依据，着重就这些问题予以分析。

一、有不法行为的人能否实施防卫

正当防卫是“正对不正”的行为，性质上是阻却行为的违法性。它损害的是一个不法利益，为的是保护更大的或相等的国家、社会、个人的正当利益。正由于此，正当防卫行为是应被鼓励的、应被倡导的。但是，按照这种法益权衡的理念，不代表“正”的一方所有行为都是正的，不代表防卫一方的所有行为都是无瑕疵的。也就是说，即便防卫的一方也有违法犯罪行为，但遇到其他不法侵害，仍然可以行卫权，只要其符合正当防卫的要件即可。一个小偷遇上劫匪，劫匪要抢其偷来的东西，小偷为了维护其人身权当然可以进行防卫。即便小偷不是财产的所有权人，他的人身权利也值得保护。更不用说，防卫行为是客观判断，防卫人本身的道德水准、以往守法程度都不能代表行为时是否在违法，不应先入为主为防卫行为设限。理论上认为，自己导致防卫状况不构成正当防卫，这里的自招防卫，“是指防卫人对自己招致的不法侵害进行正当防卫的情况。例如，假借正当防卫的名义而侵害对方的场合，或故意、过失挑衅对方等都属于此”〔1〕。也就是说，只有主动挑衅对方，利用对方的攻击来反击侵害对方的，才不属于正当防卫，而不是行为人所有先前的不合法行为都排除正当防卫的成立空间。

在本案中，不法侵害人来到于欢母亲的厂房，是来“要债”的，这债务是“高利贷”。不法侵害人是高利贷的放贷方，于欢这方是借贷方。高利贷违法，参与高利贷的人往往对这种违法也是明知的，高利贷要债没什么轻重，蕴含着巨大的风险。这

〔1〕［日］大谷实：《刑法讲义总论》（新版第2版），黎宏译，中国人民大学出版社2008年版，第264页。

些都说明，于欢一方是主动参与到违法行为中的，何况后来还查证，于欢一方还涉及非法集资案。违法的一方于欢等人被另一方催债、限制自由，双方都有不合法之处，但这一切不能表明于欢一方是“承诺”接受不法侵害的，双方是互相侵害的“斗殴”。更不能说明，是于欢方欠债挑起了对方的人身损害。于欢方违法借贷行为是持续的，侵犯的是他人的财产权；于欢方在当时遭受的侵害则是人身侵害，包括自由、人格尊严，甚至是伤害，权利不对等。任何人的人身权利都值得保护。

于欢一方即便有违法行为，也能为了保护自己的人身权利实施防卫行为。不能因为人的先前行为以及个人的人品来否定紧急状态下的应有权利，否则会造成法律适用的实质不平等。

实践中，司法机关经常以“互殴”为名，将正当防卫行为人认定为具有伤害的故意，然后各打五十大板，不认定正当防卫。这背后反映的问题除了有唯后果论的惯性思维作祟外，还有嫌麻烦省事的内在理念影响。只要双方打架争执，都可以是“互殴”，事件的起因、谁先动的手、互相之间有什么关系、双方力度如何，都可以在所不问，一个“互殴”，双方都有责任的说辞就解决了问题，从效率上看，的确更经济。

正当防卫的表现是一方先有不法侵害，然后防卫人实施反击行为。既然反击了，在一段时期内，双方各有攻防是正常的。在认定时，要透过现象看本质，查明前因后果，考察行为层面的不法侵害是什么时候成为现实的，是怎样开始的，只要先前的行为被认定为不法侵害，后续他人的反击行为就可以看作防卫行为，再根据正当防卫的几个要件逐个判断检验。因此，即便有过不法行为的人，在遭遇现实、紧急的不法侵害时，也可以进行防卫。

二、报警之后能否进行防卫

除以上论述以外，本案于欢方选择了报警，期待警察到来阻止对方行为并获得行动自由。结果却是，警察到来后询问了事实经过，出门查看情况，导致加害人限制于欢方自由的状态持续存在，并最终使悲剧发生。

本案中，当于欢与母亲被困于办公室内无法正常出来，即人身自由受到限制时，他们遭受的不法侵害一直处于持续状态。非法拘禁就是这样一种违法行为与状态持续并存的犯罪行为，只要被困在房间内的状态持续，该不法行为就一直在持续。于欢与母亲虽在自家厂房的办公室内，但对方人多势众，足以对于欢一方产生压制。既然如此，本案案发时不法侵害一直存在，不存在不法侵害已结束的情况。在认定时，不仅动作激烈的暴力行为算不法侵害，持续性的限制人身自由当然也是不法侵害。

有人被新闻媒体渲染的“辱母”情节所迷惑，总认为侮辱过程已结束，于欢反击时已没有遭受侮辱，这种认识没有看清事实的全貌。侮辱行为侵犯的是他人的人格和名誉，着重于精神层面，而非法拘禁行为侵犯的是他人的人身自由，该法益更重。对自由的侵犯是持续性的，不是短暂爆发式的，自由是人的基本权利，构成公民权利的基础。自由与人的生命、健康具有同等价值，肯定高于财产。把自由看得可有可无，只看重外在的实体利益，是没有权利意识的体现。自由遭受侵害，理应可以进行反抗。

本案存在报警情节，于欢曾把阻止对方的最后希望寄托于警方身上。这说明，于欢方是相信法律的。如果警察不来，可能报警的这一方，或者说被拘禁的这一方，他心里觉得反正我们势单力薄，没有外援，就可以再忍着。报警之后，特别是警察要来，会助长人的勇气，认为事情可以解决，本方是有理的。在这种心理支配下，于欢选择了自己解决问题，拿起桌上的刀向对方捅刺，并最终导致了该案结果。

“紧急状态无法律”，行为人在走投无路时，做出的行为无法用正常理性来判断。站在事后角度，从完全理性的角度分析当事人当时的行为选择，无疑对当事人要求过高，反而不符合实情。对于非法律专业人士来讲，在紧急状态下，能想到的就是坚守底线，寻求公权力帮助，或者自救。警察到来，但仍没有完全控制住局势，这就使得行为人对公权力最后的信任也无法存在了，又怎能期待他不自救呢？在违法层面，行为人于欢符合防卫的前提条件；在责任层面，行为人于欢也没有完全忍受并放任侵害发生的期待可能性。

报警之后，事情没有得到解决，心中最后的“稻草”被压断，于欢只能自行解决眼前的困境。报警和警察赶来，不是否定行为人可以行使防卫权的理由，警察来后没有控制局势，使得不法侵害仍在持续，恰恰可能激化矛盾，造成事态失控。国家对违法犯罪行为规制的合法性体现在权力的使用上，正由于此，国家产生后，不主张任何事情都由公民自行解决，犯罪行为也不能“私了”。防卫权的正当性边界与国家权力的介入呈现此消彼长的关系，不赋予公民防卫权就是因为国家担忧“私力救济”泛滥。但害怕权利被滥用与限缩公民权利是两回事，防卫权被限缩会导致法益得不到及时保护。本案中，公权力已经介入了却没有很好地控制局势，行为人于欢的所有救济路径都已走完，走投无路那就只能靠自己了。站在行为人当时的角度，这种绝望心态才是正常的，该心态支配下的行为具有防卫性质。

在实践中，司法机关之所以对报警后行为人个人还能否进行防卫存在狭隘认识，就是因为其没有理解好公权力与私权利之间的行使范围。二者不是截然对立的，只要不法行为一直存在，公权力又保护不周，行为人个人当然可以行使防卫权。

三、防卫行为能否使用凶器

对正当防卫的认定，以《刑法》第 20 条为依据。合法的正当防卫行为，只要符合正当防卫的五个要件即可，并没有对能不能使用凶器有要求。传统上，一方准备了凶器，最多反映出行为人可能有侵害意识，而没有防卫意识。这只是对防卫要件的具体检验，并未成为普遍性的要求。即便防卫人使用了凶器，对方没有使用凶器，只要符合防卫的要件，仍可构成防卫行为。

根据法院二审判决书查明的事实，当时的情形是，22 时 22 分，警察朱某明警告双方不能打架，然后带领辅警到院内寻找报警人，并给值班民警徐某打电话通报警情。于欢、苏银霞欲随民警离开接待室，杜某 2 等人阻拦，并强迫于欢坐下，于欢拒绝。杜某 2 等人卡于欢颈部，将于欢推拉至接待室东南角。于欢持刃长 15.3 厘米的单刃尖刀，警告杜某 2 等人不要靠近。杜某 2 出言挑衅并逼近于欢，于欢遂捅刺杜某 2 腹部一刀，又捅刺围逼在其身边的程某胸部、严某腹部、郭某 1 背部各一刀。

本案中，于欢随手拿起的是桌上的刀，该接待室是他们一方的，于欢对其布局物品摆放都很熟悉，当时拿起刀非常自然，就是面对威胁时的“随手”，不是预谋。即便该刀比较长，杀伤力大，也不能说明于欢具有强烈的伤害意识，因为其身边只有这把刀可用。从上述情况看，在对方接连挑衅，于欢持刀也进行了警告的情况下，对方仍然不依不饶，继续逼近阻拦，这时于欢才进行反击，是迫不得已下的行动。

至于在这种情况下于欢拿起武器进行防卫，不能就认定于欢方无理或过当。因为对方虽没有武器，但人多势众，且对方已实施多种违法犯罪行为。对方对于欢这方有很大的法益侵害，仍然伴有危险，是对方诱发了于欢的反击。在这时，于欢采用任何的防卫手段，拿不拿刀，只要符合防卫的要件，都应当认定为正当防卫。

在理论上，正当防卫首先是违法阻却事由，应进行客观判断。客观上起到了阻止不法侵害效果的，就不是违法行为，就是正当的。结果无价值论者甚至主张，没有防卫意图的偶然防卫行为，也是正当防卫。即便按照我国传统通说，认为正当防卫必须具有防卫意图，也不意味着行为人不能同时具有侵害意图，更不能直接就此解释为防卫人不能使用任何器具。

至于在实务中，有些办案人员附加条件的做法，是惯常经验的延续，是不符合正当防卫本质的。他们认为使用了刀具就有了侵害意图，这种论证简化了复杂的事实，限制了公民的防卫可能。我们不能要求公民在紧急情况下还能理性思索使不使用刀具，对于普通人，在当时一切能够阻止侵害行为的东西都可以使用。

四、防卫的限度如何判断

防卫之所以是正当的，是因为有限度的要求。要是防卫造成了更大的损害，无疑违背了刑法设置此制度的目的。一般来说，被损害法益与保护法益相比，同样是财产法益，就比较价值的大小；财产法益与人身法益相比，人身法益更重；在人身法益中，生命权又大于身体健康权。

限度的判断不能单纯依靠理性的法益衡量，因为在有些状况下，法益无法量化衡量；而即便在法益可以衡量的场合，限度是否合适也不只是看单纯的法益。因此，首先应判断的是防卫是不是必要的。说防卫是不是必要的，说的是防卫的行为，即考察的是防卫行为的性质和方式。[1]也就是说，在这个阶段，不需看防卫的结果。

在司法实践中，对防卫人防卫行为的必要限度不能过于苛求，毕竟防卫行为是被逼迫的，是在紧急情况下实施的。防卫人在受到不法侵害人突然袭击的情况下通常措手不及，精神上处于极度慌乱的境地，很难思考防卫的限度。[2]所以，防卫限度的具体判断应站在有利于防卫人的角度，适度放宽，以鼓励正当防卫的实施为目的。

从《刑法》条文表述看，防卫过当是指防卫行为明显超过必要限度造成重大损害的应当负刑事责任的行为。“过当”体现为“明显超过”“必要限度”和“重大损害”。这就综合采用了必需说和基本相适应说，“必要限度”是对必要性的要求，“明显超过”是对基本相适应的表述。据此，对限度的判断，应综合衡量侵害行为与防卫行为损害的法益类型、大小，当时的环境情况，普通人面对不法侵害时是否足以抑制对方的伤害，以获得防卫限度是否与侵害程度“基本相适应”。

《刑法》第20条第3款设立了特殊防卫权。根据该款规定，“对正在进行行凶、杀人、抢劫、强奸、绑架以及其他严重危及人身安全的暴力犯罪，采取防卫行为，造成不法侵害人伤亡的，不属于防卫过当，不负刑事责任。”该规定极具特色，从逻辑上来说，特殊防卫权是对防卫过当的例外规定，从而限制了防卫过当的范围。[3]但特殊防卫权的行使前提很严格，对方的不法侵害必须是暴力犯罪行为，而且要达到与行凶、杀人、抢劫、

---

〔1〕［德］乌尔斯·金德霍伊泽尔：《刑法总论教科书》（第6版），蔡桂生译，北京大学出版社2015年版，第167页。

〔2〕刘艳红主编：《刑法学（上）》（第2版），北京大学出版社2016年版，第201页。

〔3〕陈兴良：《教义刑法学》，中国人民大学出版社2010年版，第365～366页。

强奸、绑架这类犯罪行为“相当性”的程度，即行为的手段、方式、紧迫性等都需达到严重危及人身安全的程度。

本案中，要债的一方采用的是限制人身自由与侮辱的手段，持续时间较长，暴力紧迫程度不高，也没有直接使用凶器的危险性。这就不符合特殊防卫权行使的前提，有成立防卫过当的可能。而于欢持刀捅刺的是4名不法侵害人，导致的结果是一死二重伤一轻伤，这一伤害结果可谓重大，其防卫行为的强度和造成的损害都远超过防卫的需要，防卫行为明显属于防卫过当。对方对于欢及母亲的不法侵害主要表现为非法拘禁、侮辱，侵害的是公民的自由权、名誉权。从法益类型看，于欢方可以选择侵害对方身体健康权这种“等价”的权利进行防卫，而只有特殊防卫才能直接损害他人生命；从法益数量比较看，于欢方为了自己和母亲两人，损害了对方四个人的生命权、健康权；从当时的环境等综合情况看，对方在办公室内僵持了很长时间，并没有直接实施暴力行为，相比于“一触即发”的暴力伤害，对方的不法损害没那么大，于欢在紧急关头即便只伤害一个人的身体已足以让对方放弃不法侵害，对方也足够被眼前的景象“吓到”而不敢继续抵抗。于欢却采用持刀捅刺四人的方式，不停手，因此其行为构成防卫过当，应当负刑事责任。

五、于欢防卫案带来的其他启示

本案一审，于欢被判处无期徒刑，之后该案被媒体曝光，全社会关注度提高，法学专家也参与了讨论；之后二审，于欢的行为被认定为具有防卫性质，构成防卫过当，被改判为有期徒刑5年。这一相差悬殊的判决与当年的许霆案类似，都在于一审时没有充分考虑到天理、国法、人情，而僵化理解了法律。

在刑事案件中，事实的认定相较于法律的适用更重要，事实情节的不同会直接影响到案件的定性。比如，本案中，于欢当时处于何种状态，是否可以自由出入；警察到来后，为什么会出门；被害人受伤当时有多严重，是怎样到达医院的。这些都直接影响到对正当防卫的认定，进而直接影响到对案件的定罪量刑。

本案一审之所以判得重，是因为当时没有认定行为的防卫性质，直接以后果定性为故意伤害。出现这样的结果，与上述的附加在正当防卫中的条件过多有关，还与司法实践中过于重视结果有关。正当防卫特别是特殊防卫权的行使，会造成他人伤亡的后果，单看后果，是严重的。但正当防卫的认定标准不只有后果一项，认定行为性质时必须全面，特别注意比较侵害行为、防卫行为的手段，侵害结果与防卫结果之间的联系。

我国以往对正当防卫的认定率很低，是因为实践中存在不少潜在的误区，这些误区并没有写在法律中，却实际上影响着司法工作人员，成为其作出裁判时的内心判断标准。这些误区主要有：以损害结果定性、行为人携带有凶器就认为其有伤害的意图、相互斗殴一律不认定为正当防卫、分不清防卫不适时与防卫过当。以损害结果定性，会偏袒所谓“被害人”，限缩防卫过当的成立空间；分不清行为的不同阶段，“胡子眉毛一把抓”，就无法还原真实的情况，无法实现实质正义。

司法官在裁判案件时，应尽量站在多个视角思考分析问题。法律人拥有专业知识，是法律的维护者，同时法律人不能脱离日常生活，应了解生活的真实；案卷看久了容易陷入惯性思维，以往的判决惯例似乎成了应然的追求。过去怎样做，现在不一定也要这样做。个案的特殊性包含了个别正义的要求，背后所彰显的是基本的人性。如果作为行为人，“我该怎么做”，这是司法官在审查案件时应拥有的思维。法律人不要只做法律的

“工匠”，要做解决问题的“高手”，要成为维护实质正义的最后一环。正如本案中，当我们面对多人的纠缠，面对多人对母亲的侮辱，又怎么能够忍气吞声、理性思考如何遵守法律呢？在那样的环境下，若还要求没学过法律的当事人去仔细衡量自己行为如何最恰当，去考虑是否保持理性，显然要求过高。

在舆论的应对和处理上，司法机关应该更注意倾听“实际民意”，也就是重视案件涉及的法律关键点到底在哪儿。正当防卫的认定背后涉及的是公权力和个人权利面对不法侵害时的分权问题，事事都等待公权力机关解决必然导致个人权利的限缩，甚至在紧急关头会让当事人瞻前顾后。民众关心的不是具体案件细节，而是在底线突破时，公权力机关能否及时制止，公权力机关能否成为守护权利的最后一道防线。

令人欣慰的是，从于欢防卫案的改判开始，到后来的昆山于海明案，再到福州赵宇案、涞源反杀案，公安机关、检察机关敢于及时认定行为人的行为构成正当防卫，后续案件最终都被撤销或者作不起诉处理；改判后的于欢案也成为我国最高人民法院发布的指导性案例。这就表明，司法工作人员认识到了以前办案的局限，越来越认识到正当防卫制度的设立初衷。正如有学者阐明的，国家刑罚权的适用不是万能的，为了避免刑罚适用的真空，国家才赋予公民正当防卫权，由此决定了防卫权在社会政治生活中的必要性和伦理上的合理性。[1]只有让正当防卫制度不再“沉睡”，见义勇为者不再寒心，正义不再委曲求全，“纸面上”的法条才能真正指引民众行动。只有这样，普通民众对法治的信心才能逐步提升。

---

〔1〕 赵秉志主编：《犯罪总论问题探索》，法律出版社 2003 年版，第 646 页。

【法条链接】

《刑法》

第二十条 为了使国家、公共利益、本人或者他人的人身、财产和其他权利免受正在进行的不法侵害，而采取的制止不法侵害的行为，对不法侵害人造成损害的，属于正当防卫，不负刑事责任。

正当防卫明显超过必要限度造成重大损害的，应当负刑事责任，但是应当减轻或者免除处罚。

对正在进行行凶、杀人、抢劫、强奸、绑架以及其他严重危及人身安全的暴力犯罪，采取防卫行为，造成不法侵害人伤亡的，不属于防卫过当，不负刑事责任。

第二百三十四条 故意伤害他人身体的，处三年以下有期徒刑、拘役或者管制。

犯前款罪，致人重伤的，处三年以上十年以下有期徒刑；致人死亡或者以特别残忍手段致人重伤造成严重残疾的，处十年以上有期徒刑、无期徒刑或者死刑。本法另有规定的，依照规定。

第二百三十八条 非法拘禁他人或者以其他方法非法剥夺他人人身自由的，处三年以下有期徒刑、拘役、管制或者剥夺政治权利。具有殴打、侮辱情节的，从重处罚。

犯前款罪，致人重伤的，处三年以上十年以下有期徒刑；致人死亡的，处十年以上有期徒刑。使用暴力致人伤残、死亡的，依照本法第二百三十四条、第二百三十二条的规定定罪处罚。

为索取债务非法扣押、拘禁他人的，依照前两款的规定处罚。

国家机关工作人员利用职权犯前三款罪的，依照前三款的规定从重处罚。

马戏团运输珍贵野生动物案[1]

【案情介绍】

28岁的李某庆与李某生是堂兄弟，两人均是河北省沧州市人。因沧州是马戏之乡，李某庆从十几岁开始便跟着人做杂技表演，长大以后有了一些积蓄，李某庆便跟堂弟李某生一起经营马戏团，主要是进行杂技表演，有时候会有一些动物表演。

2015年，李某庆跟李某生注册了公司，成立了马戏团，2016年5月他们开始到各地进行表演，但因为自己的马戏团没有驯养演出动物的资质，李某庆与李某生便花钱从有驯养资质的人那里租用了表演时需要使用的老虎、狮子、猴子等动物。

2016年5月末至2016年7月末，李某庆、李某生共同经营的河北省东光县国豪马戏杂技艺术团分别从河南省开封市华东动物展览团、安徽省宿州市新东方动物表演团租用具有合法《驯养繁殖许可证》的野生动物后，使用货车将用于表演的野生动物从安徽省宿州市途经河北省沧州市、辽宁省大连市、葫芦岛市等地，运输至沈阳市浑南区祝家镇祝家屯村准备进行马戏表演。

2016年7月28日，沈阳市森林公安局接到举报并查扣了上

[1] 本案例评析部分已发表于《南方论刊》2020年第8期。

述货车及老虎1只、狮子3只、熊1只、猴子1只。经国家林业局野生动植物检测中心鉴定，二人运输的老虎为虎、狮子为狮、熊为黑熊、猴子为猕猴，虎被列为我国《国家重点保护野生动物名录》一级保护野生动物；狮被列入《濒危野生动植物种国际贸易公约》附录Ⅰ或Ⅱ（2016年）；猕猴和熊被列为我国《国家重点保护野生动物名录》二级保护野生动物。二人运输的动物均被国家列为一级或二级保护野生动物。

原审判决认定，2016年5月末至2016年7月末，被告人李某庆、李某生为了使其共同经营的马戏团更加盈利，在明知其没有办理运输野生动物的相关手续的情况下，使用货车将老虎、狮子、熊、猴子等动物从安徽省宿州市途经河北省沧州市、辽宁省大连市、辽宁省葫芦岛市等地，运输至辽宁省沈阳市浑南区祝家镇祝家屯。一审法院以非法运输珍贵、濒危野生动物罪，判处李某庆有期徒刑10年，并处罚金10万元，以同样罪名判处李某生有期徒刑8年，并处罚金10万元。2017年12月8日上午，二审法院宣判：二人无罪。〔1〕

【法理分析】

近年来，人与动物之间关系的讨论变得频繁。从养宠物该不该拴绳到动物表演该不该禁止，甚至到动物有没有独立的权利，都引发了观点对立的社会舆论。随着人们物质生活水平的提高，动物与人的关系更加紧密，既有相互陪伴，又有野蛮猎捕，二者的冲突呈现出明显多发的特点。

2020年初，一场新型冠状病毒感染肺炎疫情在全世界多个国家蔓延，极大影响了居民的正常生活。根据初步判断，该疫

〔1〕 王巍：“堂兄弟办马戏团跨省表演　因运输野生动物获刑”，载《新京报》2017年1月6日。

情也跟野生动物有关，可能是人类滥捕滥食野生动物导致病毒传播。人类总觉得自己无所不能，实际上，人也只是哺乳动物的一种，人与其他动物一起生活在这个地球上，应当学会和平共处，而不是一味征服。若整个生态链被破坏，人类也无法独善其身。

法律在保护野生动物方面有滞后性，除了立法不断完善外，司法、执法也要严格起来，不能让纸面上的法虚置。我国《刑法》在妨害社会管理秩序罪这一章专门规定了破坏环境资源保护罪，用以下几个罪名规制动物类犯罪：非法捕猎、收购、运输、出售陆生野生动物罪，危害珍贵、濒危野生动物罪，[1]非法狩猎罪，非法捕捞水产品罪。另外，在走私罪部分，《刑法》里还有专门的走私珍贵动物、珍贵动物制品罪。

本案涉及的是非法运输珍贵、濒危野生动物罪，之所以选择本案，是因为本案情形常见，判罚却难以被公众接受，在普通大众的意识里甚至觉得案件一审处理得“荒唐”。为什么会造成如此大的反差，到底是法律判决失误还是民众认知偏差，如何拉近二者的距离？因此，由本案引发的思考不限于对野生动物该不该保护，还关系到保护的界限、保护的范围该怎样判断。这些问题都值得探讨。

一、何为非法运输珍贵、濒危野生动物罪的“运输”“野生动物”

非法运输珍贵、濒危野生动物罪，包括违反野生动物保护法规，运输珍贵、濒危野生动物及其制品的行为。可见，本罪属于行政犯，以“违反野生动物保护法规”为构成前提。对此

[1] 该条罪名已经被《刑法修正案（十一）》修正，以下分析以原罪名为准。

的理解，不能只从形式的法条入手，而应当作实质判断。

通说认为，本罪侵犯的法益是国家重点保护的珍贵、濒危野生动物的管理制度。这是从国家管理角度所做的界定。本罪属于破坏环境资源保护的犯罪，直接针对的是环境法益。若从这个角度进行实质解释，构成本罪应当存在对环境资源侵害的威胁，具体说就是对珍贵野生动物的生存造成了损害或威胁。“认定本罪时，需要特别注意行为是否侵害或者威胁了珍贵、濒危野生动物资源，而不能形式化地认定本罪。”〔1〕只是形式上侵犯了国家管理，而不看本罪保护对象、保护法益的本质，容易过多入罪，造成刑法介入不必要的领域。刑法上的犯罪都有一定的入罪“门槛”，经实质判断达不到标准的不应由刑法来处理。

根据原审判决，非法运输珍贵、濒危野生动物罪中，主要是构成要件的符合界定。运输，指发生位移，将野生动物从一地运到另一地。具体说，包括采用携带、邮寄、交通工具、利用他人等方法运送的行为。这与运输毒品罪中的“运输”含义不一样，因为毒品犯罪中包含有“非法持有毒品罪”这一“兜底”罪名，对为了自己吸食而大量持有毒品的人定非法持有毒品罪，如果行为人纯粹为了自己吸食携带一定数量的毒品，证明不了其他运输相关犯罪的目的的，就不构成运输毒品罪，而是构成非法持有毒品罪。比较而言，《刑法》中不存在非法持有（养殖）珍贵野生动物的罪名，那么运输就是运输，其包含携带运送这种方法。运输野生动物在实践中，还是以用交通工具运输为主。

怎样认定野生动物？国内法界定的野生动物与国际公约所界定的野生动物有什么不同？这里的珍贵、濒危野生动物，根

〔1〕张明楷：《刑法学》（第5版），法律出版社2016年版，第1134页。

据 2000 年 11 月 17 日最高人民法院通过的《关于审理破坏野生动物资源刑事案件具体应用法律若干问题的解释》第 1 条的规定，是指列入国家重点保护野生动物名录的国家一级、二级保护野生动物、列入《濒危野生动植物种国际贸易公约》附录Ⅰ、附录Ⅱ的野生动物以及驯养繁殖的上述物种。关于珍贵的野生动物的范围，上述名录和公约附录里有界定，在形式上是明确的，一般公民不可能完全分辨出各野生动物的种类，办案时查阅鉴定即可。有争议的是，是否所有驯养繁殖的物品都构成本罪的对象？司法解释之所以将驯养繁殖的野生动物也归为本罪的对象，是因为该类动物的捕猎、运输等行为也会影响动物种群数量，从而影响生态平衡。但是，将所有经驯养繁殖的野生动物不加区分的全部认定为本罪的对象，超出了法益保护的应有范围，反而可能损害对生态环境的保护。对普通民众来说，动物的分类级别很细，对通常的动物属于哪一种类并不能很好地了解，更不用说人工驯养的了，他们怎么能知晓其是否属于刑法规制的“野生动物”呢。这就意味着在刑法判断层面，违法性认识问题会成为争议点。

在四要件的犯罪论体系中，通说认为不需要行为人有具体的违法性认识，只要有社会危害性认识就够了。关键问题是，野生动物类犯罪属于法定犯，其产生和规制都基于立法的规定，各国规定可能存在差异，它不像杀人、强奸这种自然犯那样所有人都会熟知。对这种法定犯，没有违法性认识一般也就没有社会危害性认识。在三阶层的犯罪论体系中，违法性认识的可能性属于责任阶层，采例外判断，即通常推知行为人具有违法性认识的可能性，但在特殊情况下不具有违法性认识的可能性，阻却责任。阻却责任的含义是最终无罪，但行为人的行为仍然可能是不法的，要被做负面评价。像 非法运输珍贵、濒危野生动物罪就存在例外情况，行为人同样可能没有违法性认识的可能性。无论采上述哪种犯罪论体系，如果行为人完全欠缺违法性认识的可能性，就有构成要件要素不齐备的可能，就不构成犯罪。违法性认识的可能性判断不是仅凭被告人的一面之词，而是要考虑其行为时的立场，综合考虑一般人是否有认识的可能性，是否能被宽宥。

本案中的动物都是大型动物，也是生活中常见的动物。行为人长期从事的是马戏工作，肯定知道该类动物是国家保护动物。但是，这些动物是驯养繁殖的，而且一直用于动物表演，是工作中必备的，运输这些动物是为了保障接下去的工作顺利进行，与通常理解的损害动物生存的目的不一样。基于此，行为人很难知道这些动物受刑法保护。在一般人即便是跟动物打交道的人士看来，人工驯养的动物已不是原有大自然中的，是可以繁殖的，那么保护的必要性就不一样了。由这一点出发，行为人可能欠缺对本罪对象性质的认知。此外，行为人常年从事马戏表演经营工作，自以为对该行业包括动物属性了如指掌，这种思维“惯性”恰恰使其难以区分法律中动物保护的范围与实践中运作的差异。

再看看本案涉及的行为，几个行为人没有运输野生动物许可证，运输的动物经鉴定包括虎、狮、黑熊、猕猴，又确实是野生动物，形式上符合非法运输珍贵、濒危野生动物罪的特征。但问题是，非法运输珍贵、濒危野生动物罪这种行政犯，是必须依照行政法律的规定进行认定吗？本案中的动物类型是珍贵野生动物，但这些动物属于马戏团驯养繁殖并用来进行马戏表演的，为了此目的而进行运输并不会影响野生动物资源的种群数量，也就是说，形式上的运输动物行为实际上并没有侵犯生态法益，包括珍贵动物本身该有的合法利益。

司法实践中对《刑法》的解释应从法益保护目的出发，发挥刑法的机能。若法益欠缺保护必要性，则没有必要入罪处理。对非法运输珍贵野生动物罪中“非法”的解释不能只看相关动物保护法律的规定，更要关注刑法的目的。

根据我国法律原来的规定，运输野生动物就得有运输的证件。虽然马戏团的动物都有合法的驯养繁殖许可证，但这次去沈阳演出，被告人李某庆和李某生两人并没有办理相关的运输许可手续。李某庆认为，自己很冤枉。他说自己有演出证，有驯养繁殖证，有检疫证明，演出证可以证明他是马戏团，动物的驯养繁殖证可以证明这个动物是合法来源，他不存在犯法。可以说，行为人并不知道还要再办理运输类的证件，更没想到没办理这个会影响那么重。

本案中，此“运输”非彼“运输”。本罪所规制的运输行为是有可能使野生动物遭受伤害、买卖、猎捕等危险行为的中间环节。马戏团把自己合法持有的野生动物从甲地“运输”到乙地，对马戏团来说再正当不过了，在一个地方观众看表演看厌了、门票收入下降，总要换个地方继续演出。马戏团居无定所，在全国范围内巡回演出，发生位置移动，本来就是其生存之道，符合其商业运营模式，这是市场要求的。这种“运输”本身是合理正当的，与走私、盗猎、收购、出售一环中的运输没有任何关联。

如果按照原有立法，马戏团每次出县境，每只野生动物都要长时间等待运输手续下来才能走，这样下去不仅会耗费大量的时间及金钱成本，反过来对动物也会造成新的折磨。层层审批繁琐复杂，中间还有权限不明问题，共同主管部门再商议时间，让动物的原本活动更受影响。僵化解释法律，会造成这种法益保护的不当，扩大不该处罚的范围。换句话说，将只是缺乏运输类证件而其他手续都齐备的该类行为入罪，反而无助于立法的完整实施。

有学者就指出："非法收购、运输、出售已经驯养繁殖成功的珍贵、濒危野生动物、珍贵、濒危野生动物制品的行为，在没有办理相关手续的情况下，最多只是构成未经许可经营法律、行政法规规定的限制买卖的物品的非法经营行为，而不能构成本罪。"[1]这正是因为，没有相关手续只是侵犯了国家对相关经营、运输行业的管理秩序，并进而影响了社会运行，而野生动物类犯罪保护的法益还要还原到生态环境法益本身，其目的是为了保护野生动物。也就是说，虽然国家制定的政策、行政规定也是为了保护生态环境，但是只违反了这些政策规定的，不一定破坏了生态环境，这中间不能直接推定，还要分别判断。

本案二审改判无罪的依据是，二审期间生效施行的修订后的《野生动物保护法》第 33 条取消了原法第 23 条有关"运输、携带国家重点保护野生动物或者其产品出县境的，必须经省、自治区、直辖市政府野生动物行政主管部门或者其授权的单位批准"的规定。也就是说，由于新法对运输、携带野生动物的审批程序进行了修改，原先要求的专门程序现在不需要了，那么根据"从旧兼从轻"原则，行为人的运输行为即使少了手续也没有了社会危害性，也就不需要处罚了。

修订后的《野生动物保护法》关于运输、携带野生动物及其制品有关规定的修改，有利于动物的驯养和繁殖，同时也是出于简政放权、放管结合和优化服务的目的。运输、携带是与野生动物及其制品相关行为的中间行为，本身是中性的，立法惩治该类犯罪的目的是为了保护野生动物，维护生态平衡。它

[1] 黎宏：《刑法学各论》（第 2 版），法律出版社 2016 年版，第 449 页。

之前的走私、收购、出售行为才是侵犯野生动物的主行为，对其处理已能起到作用。相比于这些行为，运输行为是最轻的。单纯的运输不必然侵犯野生动物资源法益，更不会破坏生态平衡。

更何况，既然已经查明行为人运输野生动物的目的是表演，且有合法的表演证件、马戏团也有合法的执照，那么，再处罚中间的运输行为，就没有必要了，欠缺正当性。原有处理方式对“非法”的解释过于依赖行政法律法规，又把这种规定直接拿到刑法中适用，这就导致处罚范围扩大，处罚没有节制。

本案二审正是采用了上述“灵活”的方法，成功让行为人出罪。该方法依赖于法律的修改，避免了一审的错误。实际案件的解决选择了通过立法方式解决，而在学理上，可以通过对“非法”“运输”的解释来找寻出罪事由。也就是说，即便法律未修改，行为人也本该无罪。司法机关应该吸收理论的新成果，尽量去解释法律。相比于立法修改的“大动静”，司法的合理解释运用才是“常态”。

二、解释刑法的新要求

近年来，我国发生了多起引起舆论关注、民众观感与司法最初判决差异巨大的案件，比如，内蒙古农民收购玉米案、天津气枪大妈案、深圳鹦鹉案等，这些案件无一不是行政犯，都是民众第一感觉无罪，一审全都判了刑的案件。

这些案件在审理中涉及形式解释与实质解释的问题，涉及大众观感与案件定性如何协调的问题，解决他们的关键不在于司法机关觉得自己“依法”办案就依法了，而是要看“法”是什么，如何解释适用法，如何保障普通公民的基本权利。

我国社会处在大变革时期，民众的认识也在与时俱进。司法工作人员办案时唯法条是从，是缺乏司法能动性、不愿思考的表现。当刑法依赖症变成条文依赖症，入罪的合理性就值得怀疑，司法工作人员争的是法理问题，而普通人、特别是被卷入案件中的当事人却直接会受到自由威胁，耗费生命年华。

根据罪刑法定的要求，入罪要谨慎，出罪则不需那么死板。经典的罪刑法定作为犯罪人的大宪章，重在保障避免不合理的入罪，对于出罪则没那么多限制。更何况，有些案件的入罪并不合理，是没有仔细分析犯罪保护的法益本质造成的，是没有处理好天理、国法、人情的关系导致的，这样下去会最终影响到普通公民的权利和自由。

司法官作为专业人士，办案子久了，专业技能不断提升，经验不断积累，但正由于这样，容易对案件形成“潜意识”，即以前类似案件怎样办理，这次就怎样办理；或者案子已经都办到这个程度了，只能进行下去；或者白纸黑字的条文是唯一依据，违反了就得入罪。这些思路延续下去，实质上影响了案件裁决过程，并容易形成僵化的结论。司法官的办案思维有时会与常人思维产生抵触，这与专业无关，而跟惯性有关。跳出来回归普通人，有时问题就迎刃而解了。

与此案近似，一起“耍猴艺人异地演出被控非法运输珍贵野生动物案”经过二审审判，最终被判处无罪。该案一审判决构罪，但免于刑事处罚，二审认定无罪，理由是“情节显著轻微，危害不大”。也就是说，法院采用的方法都是认定行为人表面上已符合非法运输珍贵、濒危野生动物罪的构成要件，但是在罪量上达不到构罪的程度，通过情节来出罪的。对罪量要素的运用也属实质解释的一种方法。其实，对客观构成要件要素本身的解释就能为行为出罪，更符合立法目的，在这方面应该提升司法官的能动性。

三、本案所带来的深层次启发

近年来，环境法学的研究进入新层次。关于环境类犯罪保护的法益，有生态中心主义、人类中心主义之争。传统的人类中心主义立足于人的根本需要，把自然当作索取的对象，人类为了自己的生存、发展可以不断地采掘自然资源。随着环境的日益恶化，修正的人类中心主义意识到要从长远考虑，使后代子孙有生存和发展的权利，从而下决心要爱护环境、保护环境，甚至限制人类的消费行为。修正后观点比传统观点有进步，但可以看出，即便修正，也是为了人类自身利益，保护环境的目的也是为了人类的未来。生态中心主义又被称为非人类中心主义，将人视为与自然平等的存在，或是认为人是自然演化发展的产物，人不能离开自然而生存、发展，是作为自然的一部分而存在的，人与自然应该和谐共处，共同发展。该观点开始关注生态自然本身，当然，人的视角没有变。而大地伦理观就比较激进，作为非人类中心主义的一个分支，大地伦理观使人类的角色从大地共同体的征服者变为其中的普通的成员和公民。将该种观点推演下去，自然界的一切都是值得被尊重和保护的，自然有其内在的固有价值。

现在的主流观点是以人类为主体的折中主义，又称为现代人类中心主义。其认为，非人类中心主义偏离了社会发展实际和人类当下的生存发展，不足取，但自然也不是奴隶，应当坚持现代人类中心主义。这意味着，人是主体，自然是客体，但人类又负有义务，是为了保护人类的整体利益和长远利益。[1]

---

〔1〕 参见李希慧、董文辉、李冠煜：《环境犯罪研究》，知识产权出版社 2013 年版，第 57~58 页。

该观点辩证看待了人与自然的关系，符合实际，笔者赞成这一观点。

从长远看，动物表演不应得到支持。但是，未来与现实、不支持与犯罪之间还存在差距。未来要保护动物，禁止动物表演不是现在合法的动物表演都应被禁止的理由，对于行为人来说，其可预期性必须被保障，只要行为手续合法、操作恰当，就不应被刑法处罚。

司法官在裁判案件时，应注重考虑社会效果、法律效果与政治效果的统一。机械办案、片面理解法律，看似维护了法律的威严，实则损害了司法官的权威，更会影响法律的公信力。司法判决与公众认知距离过远，判决的效果就无法达到，还会加深社会对法治的不信任。

【法条链接】

《刑法》

第三百四十一条第一、二款　非法猎捕、杀害国家重点保护的珍贵、濒危野生动物的，或者非法收购、运输、出售国家重点保护的珍贵、濒危野生动物及其制品的，处五年以下有期徒刑或者拘役，并处罚金；情节严重的，处五年以上十年以下有期徒刑，并处罚金；情节特别严重的，处十年以上有期徒刑，并处罚金或者没收财产。

违反狩猎法规，在禁猎区、禁猎期或者使用禁用的工具、方法进行狩猎，破坏野生动物资源，情节严重的，处三年以下有期徒刑、拘役、管制或者罚金。

最高人民法院《关于审理破坏野生动物资源刑事案件具体应用法律若干问题的解释》

第一条　刑法第三百四十一条第一款规定的“珍贵、濒危野生动物”，包括列入国家重点保护野生动物名录的国家一、二级保护野生动物、列入《濒危野生动植物种国际贸易公约》附录一、附录二的野生动物以及驯养繁殖的上述物种。

第二条 刑法第三百四十一条第一款规定的“收购”，包括以营利、自用等为目的的购买行为；“运输”，包括采用携带、邮寄、利用他人、使用交通工具等方法进行运送的行为；“出售”，包括出卖和以营利为目的的加工利用行为。

第十条 非法猎捕、杀害、收购、运输、出售《濒危野生动植物种国际贸易公约》附录一、附录二所列的非原产于我国的野生动物“情节严重”、“情节特别严重”的认定标准，参照本解释第三条、第四条以及附表所列与其同属的国家一、二级保护野生动物的认定标准执行；没有与其同属的国家一、二级保护野生动物的，参照与其同科的国家一、二级保护野生动物的认定标准执行。

天津气枪大妈案[1]

【案情介绍】

2016年底，天津大妈赵某华摆摊打气球被判刑，引发了舆论关注。

三年前赵某华和女儿来到天津打工。在晚上遛弯的时候，赵某华发现“天津之眼”下面的“打气球”生意还不错。随后，她以2000元的价格，将三轮车、“枪”、奖品娃娃、木板等摆摊用的物品从他人手中盘下；2016年8月，赵某华开始了自己的摆摊营生，刨去成本，赵某华一个月能挣两三千块钱。

2016年8月到10月间，赵某华在天津市河北区李公祠大街亲水平台附近，摆设射击摊位进行营利活动。公安机关在巡查过程中将赵某华控制，当场查获涉案枪形物9支及相关枪支配件、塑料弹，经天津市公安局物证鉴定中心鉴定，涉案9支枪形物中的6支为能正常发射以压缩气体为动力的枪支。

赵某华随后被检方提起公诉，检方指控，赵某华违反国家对枪支的管制制度，非法持有以压缩气体为动力的枪支6支，情节严重，应当以非法持有枪支罪追究刑事责任。

2016年12月27日，天津市河北区法院在经过审理后对赵

[1] 本案例评析部分由笔者与外交学院硕士柳飞合作完成，在此表示感谢。本文主体部分已发表于《黑龙江省政法管理干部学院学报》2020年第3期。

某华案作出一审判决，法院认为，赵某华违反国家对枪支的管理制度，非法持有枪支，情节严重，已构成非法持有枪支罪；赵某华当庭自愿认罪，可以酌情从轻处罚；辩护人所提赵某华具有坦白情节、系初犯、认罪态度较好的辩护意见，法院予以酌情采纳。河北区法院一审以赵某华犯非法持有枪支罪，判处其有期徒刑 3 年 6 个月。宣判后，赵某华提出上诉。

2017 年 1 月 26 日中午，“天津气枪大妈”赵某华涉嫌非法持枪案二审宣判，赵某华被判处有期徒刑三年，缓刑三年，赵某华被当庭释放。

【法理分析】

法律的生命在于实施，然而，适用法律的过程必定不会像套用数学公式般简单和机械，正如卡尔·拉伦茨所说：“之所以会对法律文字的精确含义一再产生怀疑，首要的原因是法律经常利用的日常用语与数理逻辑及科学性语言不同，它并不是外延明确的概念，毋宁是多少具有弹性的表达方式，后者的可能意义在一定波段宽度之间，端视该当的情况、指涉的事物和言说的脉络，在句中的位置以及用语的强调，而可能有不同的意涵。即使较为明确的概念，仍然包含一些本身欠缺明确界限的要素。”〔1〕此处正是法解释学的用武之地。对于刑法解释者而言，其对刑法的解释和适用过程将直接决定刑事案件被告人是否为罪及罪责轻重，应慎之又慎。当下我国发生的一些当无罪却定罪的热点刑事案件，无不与法律解释处理欠妥有关。

《刑法》分则第二章“危害公共安全罪”第 125 条至 130 条规定了枪支类犯罪，其中的“非法制造、买卖、运输、邮寄、

---

〔1〕［德］卡尔·拉伦茨：《法学方法论》，陈爱娥译，商务印书馆 2003 年版，第 194 页。

储存枪支罪”和“非法持有、私藏枪支罪”在近年来越来越多地出现在了公众视线中。此类案件多是公民因购买仿真枪和玩具枪而获罪，在2016年年底的“天津赵某华非法持枪案”（以下简称“赵某华案”）更是因被告人摆摊老妇的身份而引发了公众的极大同情。一个本可以出罪的案件，何以错失机会，成为舆论热点，下文笔者予以专门分析。

一、案件背景与争议问题

赵某华案的判决书显示，在2016年10月12日22点左右，天津市公安机关在巡查过程中将赵某华抓获归案，当场查获涉案枪形物9支及相关枪支配件、塑料弹。经天津市公安局物证鉴定中心鉴定，涉案9支枪形物中有6支为能正常发射、以压缩气体为动力的枪支。天津市河北区人民法院一审判决赵某华犯非法持有枪支罪，判处有期徒刑3年6个月。此案被媒体报道后，引起公众热议。2017年1月26日，天津市第一中级人民法院作为二审法院对此案量刑依法予以改判，以非法持有枪支罪判处赵某华有期徒刑3年，缓刑3年。

笔者认为，二审法院判处缓刑虽然能够体现司法体恤人情的一面，但倘若能坚持正确的刑法解释学观点，理应可以得出赵某华无罪的结论。

就犯罪成立条件而言，学界存在不同的犯罪构成理论。这些理论的构成要素基本一致，而各自的要素体系化不同，这种差异主要属于方法之争，绝大多数的结论仍然一致。由于本案争论点集中在违法构成与责任构成两方面，为了论述方便且不影响结论，笔者将从两阶层理论的观点出发进行论述。

从构成要件符合性角度看，法院对“枪支”的认定标准与对相关法律进行体系解释得出的结论相冲突，超出了扩大解释的限度，且不符合对空白罪状解释的一般原则；从行为有责性角度看，行为人对其摊位上的游戏玩具可以作为刑法意义上的枪支毫不知情，存在违法性认识错误与对客观构成要件的认识错误，并且在法律标准与公众认知相去甚远的情况下，事实上无法要求当事人对其行为性质有正确认识进而持反对或回避态度。以下将详细说明。

二、违法性的分析：如何解释枪支？

对刑法中的语词进行解释，可以选取多个角度，采用多种解释方法，以得出符合实质正义的结论。

（一）体系解释的角度

体系解释又称语境解释方法，是指对法律条文的解释要依据法律条文在法律体系中的地位，结合相关法条的法意进行解释。[1]本案中赵某华因持有6支“枪支”被认定为非法持枪且情节严重，如何在刑法整体内部及法律体系中解释“枪支”的概念便是首要的问题。

我国《刑法》有上文所述的6个条文涉及枪支，这6条罪名之间的关系很清晰——鉴于枪支本身的强大杀伤力及我国对枪支的严格管控态度，《刑法》对枪支流通的各环节均入刑加以管制（可以类比毒品）。从这个立法目的出发，这6个条文里的“枪支”应当采取相同的认定标准，才能符合此类罪名的体系，至于该认定标准是什么，《刑法》本身并未对此进行规定。

除了《刑法》以外，我国涉及枪支管理的法律法规有很多，包括《枪支管理法》；最高人民法院于2009年发布的《关于审

---

〔1〕 杨艳霞：《刑法解释的理论与方法：以哈贝马斯的沟通行动理论为视角》，法律出版社2007年版，第245页。

理非法制造、买卖、运输枪支、弹药、爆炸物等刑事案件具体应用法律若干问题的解释》（以下简称《最高法院解释》）；公安部于2008年发布的《枪支致伤力的法庭科学鉴定判据》（以下简称《枪支鉴定判据》），2010年印发的《公安机关涉案枪支弹药性能鉴定工作规定》（以下简称《枪支鉴定规定》），2008年印发的《仿真枪认定标准》等。其中《枪支管理法》第46条规定："本法所称枪支，是指以火药或者压缩气体等为动力，利用管状器具发射金属弹丸或者其他物质，足以致人伤亡或者丧失知觉的各种枪支。"此条前两句为形式方面的两个标准，最后一句则是对枪支杀伤力的实质要求的第三个标准。《最高法院解释》并未对枪支定义作出相应的规定，而上述公安部发布的规定则给出了具体标准，并被涉案法院作为判决依据，这恰恰是引发争议之处。

根据公安部发布的《枪支鉴定规定》和《仿真枪认定标准》，区分枪支、仿真枪与玩具枪的主要依据为其威力标准，具体内容如下：①枪口比动能小于或者等于0.16焦耳/平方厘米的是玩具枪。②枪口比动能大于0.16焦耳/平方厘米，小于1.8焦耳/平方厘米的是仿真枪。③枪口比动能大于或者等于1.8焦耳/平方厘米的是枪支。

《仿真枪认定标准》中还对仿真枪提出了结构标准和外形标准，连同上述威力标准，只要满足三个标准中的任何一个，即可认定为仿真枪；而根据2012年10月公安部治安管理局对网上群众咨询的答复意见[1]解释，玩具枪的认定需同时满足威力标准、外形标准和颜色标准。

---

〔1〕 公安部治安管理局："就'关于仿真枪和玩具枪的管理问题'答复群众意见"，载 http://www.mps.gov.cn/n2254536/n2254858/c3714705/content.html，2019年3月17日访问。

根据相关测定，当枪口比动能达到1.8焦耳/平方厘米时，枪支发射会对人体裸眼造成损伤[1]，这个标准和《枪支管理法》中的“致人伤亡或丧失知觉”相比，明显要比后者所要求的标准宽松很多。《枪支管理法》第5条及第6条已经表明该法主要用以规范警察和监狱等暴力机关、押运等部分安全工作及民用的狩猎、体育竞技、动物科研等用枪情形。即使是射击运动中的用枪，其击穿靶纸的威力，也远超枪口比动能为1.8焦耳/平方厘米的标准，更不必说具有直接致死威力的军警用枪了，由此看来此标准与《枪支管理法》的立法意旨相去甚远。“人体裸眼”标准是在《枪支管理法》“致人伤亡或丧失知觉”的表述中选取了最轻的标准，并在此标准内选取了人体最脆弱的部分作为判定标准，将枪支的杀伤性标准降低到与现实应用情况不匹配的程度。在体系解释中，上位法和下位法产生冲突时，上位法应当优先适用是毫无疑问的。

其次，行政法与刑法对行政违法与犯罪的谴责程度存在很大区别，从社会秩序的统一与协调性来说，二者也是相衔接而不是一体的，所以公安机关执法过程中的认定标准本来就不必然，甚至不应该被法院刑事审判直接援引。将本该由行政处罚所调整的关系纳入刑法评价范围，是对刑法谦抑性和罪刑法定原则的破坏。这种问题本应通过体系解释的检视直接排除。

最后，将《仿真枪认定标准》的规定与《刑法》相关条文规定结合也会出现难以自洽的情况。《刑法》第125条至第127条将枪支、弹药、爆炸物、危险物质共同列为行为对象，按照体系解释和同类解释原则的要求，条文述及的“枪支”最少要和后三者有着相当的对社会安全的危险程度。经相关枪支鉴定书显示，

[1] 李刚、姚利：“枪弹痕迹的法庭科学鉴定现状与未来”，载《警察技术》2008年第1期。

赵某华案中被告所持有的枪支，比动能为2.17焦耳/平方厘米至3.14焦耳/平方厘米，仅比裸眼致伤的标准稍高，而穿透人体皮肤需要至少10焦耳-15焦耳/平方厘米的比动能，通过这种枪支射出的塑料弹丸（俗称“BB弹”）怎能产生与爆炸物和危险物质同等程度的危害性？假若被告的枪支被盗窃，那是否也不能按《刑法》中一般的“侵犯财产罪”对案件进行定性（且不论数额是否满足），而要按照《刑法》第127条，即“危害公共安全罪”部分有关盗窃、抢夺、抢劫枪支等危险物品的条文进行处理呢？在我国乃至世界各国的现代露天游戏摊位中，“BB弹气枪”射击游戏都十分常见而普及，亦无因此对社会产生过严重危害后果。如果非要将气球射击游戏摊位的“BB弹气枪”的危险性和军警使用的枪支的危险性等量齐观，恐怕难以得到人民群众的认同，因为这并不符合客观事实。

（二）扩大解释的限度角度

扩大解释是指对用语进行大于字面含义的解释，但该解释得出的含义仍处在该用语可能的含义范围内。扩大解释作为解释技巧是被允许的，但不合理的扩大解释有落入类推解释的风险。

哈特认为所有词语的含义都包括“核心意思”和“边缘含义”两个部分，前者是明确的，后者则属于模糊的“灰色地带”。[1]就枪支而言，其核心含义在《现代汉语词典》中仅有两点：口径2厘米以下（用以与“炮”区分）[2]、发射枪弹的武器，对于玩具枪、仿真枪，都满足此口径要求并能发射枪弹，

〔1〕［英］哈特：《法律的概念》，张文显等译，中国大百科全书出版社1996年版，第126页。

〔2〕此处《现代汉语词典》所给出的概念不一定和刑法里的“枪支”完全对等，但作为“枪支”这个词语的文义解释以及特征的参考是比较权威的。参见中国社会科学院语言研究所词典编辑室编：《现代汉语词典》，商务印书馆2012年版。

但核心在于二者不能作为“武器”。该词典解释“武器”是指“直接用于杀伤敌人有生力量和破坏敌方作战设施的器械、装置”，可见杀伤力是武器应当具有的核心含义。现今国际上普遍采用枪口比动能作为衡量枪支杀伤力的标准，8 千克 · 米（等于 78 焦耳/平方厘米）为美、德等大多数国家所通用〔1〕，此标准较穿透皮肤所需要的 10 焦耳-15 焦耳/平方厘米高出很多；当然这是军事学给出的枪支标准，对于需要严格控枪以维护国内公共安全的我国来说，这个标准的适用意义不大，但仍然可以作为枪支—武器—杀伤力这一语义解释的实例借以参考。

另一方面，外观和性能存在于枪支“边缘含义”的范围内，即仿真枪和玩具枪外观上已和枪支相似〔2〕，性能上也可以发射枪弹，但在一般人的理解中绝不会因为这两个边缘含义，就无视不具有杀伤力这一关键点而把玩具枪、仿真枪当作被严加管控的枪支看待。“杀伤力”作为衡量“文义射程”与“核心概念”的边界，在过低的枪支认定标准下与被忽略无异，此种规定必然超出了扩大解释的界限。

同时，存在其他标准来检验区分扩大解释与类推解释：如扩大解释不会提升概念的位阶，而类推解释会产生这种效果。在本案中，将作为“玩具”的玩具枪与作为“武器”的枪支等同视之，明显提升了枪支概念的位阶；从着重点上看，扩大解释着眼于刑法规范本身，是对规范的逻辑解释，而类推解释着眼于刑法规范之外的事实，是对事实的比较。本案中对枪支的理解本应从文义和法条逻辑出发对枪支的含义进行推导与理解。

〔1〕 季峻：“关于枪支杀伤力鉴定的讨论”，载《江苏公安专科学校学报》2000 年第 6 期。

〔2〕 按照公安部标准玩具枪外观上有和真枪的明显区分，但从枪形物这点看还可以勉强落入边缘含义内。

基于维护社会治安的立场，我国政府已经把仿真枪和玩具枪列入枪支的可能范围，那么“杀伤力”的认定标准是无论如何不能再降低了，不应该低于普通民众的合理预期。目前公安部采用的1.8焦耳/平方厘米标准距离穿透皮肤的标准差距太大，普通民众难以将其排除在个人行为自由之外，这样，对赵某华案的判决结果大跌眼镜也就可以理解。

（三）空白罪状的特点角度

空白罪状指立法者在刑法分则条文中对行为要件要求未做表述，参照相关规范或制度才能确定具体犯罪构成要件的类型化表述。[1]由于立法技术、习惯、语言限制等多种原因，立法者不能在法条中囊括犯罪的全部构成要件而只能规定其部分内容，由此产生了空白罪状。由《刑法》第128条“违反枪支管理规定”的表述来看，可将其归入此类。

空白罪状要求司法者在现有的具有法律效力的规范性文件中去“找法”以确定空白行为要件的具体所指，这个过程需要司法者发挥主观能动性，既要坚持形式合理性又要坚持实质合理性，特别是当相关规范性规定互相矛盾冲突或与刑法文本发生冲突时，不能一味地盲目按照相关规范作出裁决，而应在刑法文本文义和立法目的的范围内，对相关规范性文件进行辨析，必要的时候应遵循有利于被告人原则予以排除。

针对非法持有枪支罪，上文从体系解释的角度进行了分析，得出了公安部《仿真枪认定标准》应排除适用的结论；从空白罪状的角度看，在规范性文件和刑法出现矛盾时，空白罪状解释中重要的有利于被告人原则也可推导出相同结论。

（四）综合看实质正义的角度

近年来“刑法实质解释理论”的兴起成了学界一大动向。

---

〔1〕 刘树德：《罪状解构：刑事法解释的展开》，法律出版社2002年版，第43页。

“实质解释论”指在刑罚法规的解释特别是构成要件的解释上，应当从处罚的合理性和必要性处罚，即从当罚性处罚实质地进行解释。[1]学界对实质解释的批评在于，尽管刑法实质解释论主张形式与实质兼顾，但这种坚持仅存在于一般语义下，在具体语境中，刑法实质解释论往往悄然演变为文本之上的“目的论解释”。[2]但“在实质解释论来看，既不是绝对的形式优先，也不是绝对的实质优先，而是取决于冲突的内容。如上所述，在行为不能被构成要件的表述所包含（不处于刑法用语可能具有的含义内）时，当然形式优于实质，即不得违反罪刑法定原则；在构成要件的表述包含了不值得科处刑罚的行为时，当然实质优于形式，即不得处罚不当罚的行为”。[3]

笔者认为，实质解释对法益侵害性的强调是极有必要的，它可以从反面综合反映行为是否足以达到刑法处罚的程度。非法持有枪支罪侵害的法益为公共安全和国家对枪支、弹药的管理制度，具体到本案，以赵某华摊位上的枪的杀伤力，如何能危害公共安全？换言之，危害公共安全的范围何以如此之宽？由于涉案玩具枪杀伤力低，社会危害性可忽略不计，也不应属于国家对枪支、弹药的管理制度管理之下，不存在侵害相关制度的情形。刑法解释的追求应该是得出客观、正当、妥当的解释结论，而社会危害性、法益侵害性无疑是这种客观、正当、妥当的最终支撑。

该案判决后，最高人民法院、最高人民检察院于2018年联合发布了《关于涉以压缩气体为动力的枪支、气枪铅弹刑事案

〔1〕 苏彩霞：“实质的刑法解释论之确立与展开”，载《法学研究》2007年第2期。

〔2〕 陈兴良：“形式解释论的再宣示”，载《中国法学》2010年第4期。

〔3〕 张明楷：《刑法的基本立场》，中国法制出版社2002年版，第137页。

件定罪量刑问题的批复》（法释［2018］8号，以下简称《批复》），《批复》对以压缩气体为动力的枪支、气枪铅弹刑事案件定罪量刑问题作出了规定，明确对于非法制造、买卖等“枪支”的行为，应考虑涉案枪支的数量、用途、致伤力大小以及行为人的主观认知、动机目的等情节，综合评估社会危害性，确保罪责刑相适应。以上《批复》吸收了上述部分论证观点，形成普遍化的适用原则。至此，各司法机关通过遵循此《批复》的方式，将原先大量涉及枪支的犯罪行为非罪化，即从实质上改变了对枪支的判断标准。

这就意味着，如果本案发生在当下，被告人会被认定为无罪。因为对非法持有枪支罪的认定，不再僵化依靠“枪支”的鉴定，而是从法益、主观、体系等各方面划定罪与非罪的界限。但是，立法本身就是成熟的规范表达，即便不出台该批复，作为司法官，也应当主动全面地运用各种解释方法适用刑法，以得到符合实质正义的结论。

三、有责性的分析：是否存在认识错误及期待可能性？

责任也称有责性，是指对符合构成要件的不法行为的非难可能性。责任要素包括故意、过失、目的与动机、责任能力、违法性认识可能性以及期待可能性。

（一）事实认识错误角度的分析

故意作为犯罪要素的构成要件，其成立只要求行为人认识到属于构成要件的客观情况，而不可能要求行为人认识到自己的主观情况，部分客观情况（如结果加重犯中的加重结果）也不要求。客观构成要件具有故意的规制功能，亦即，成立故意犯罪，要求行为人认识到符合客观构成要件的事实。

责任主义来源于对人的尊重。人之所以为人在于其拥有自由意志，故意、过失作为主观心态是人意志选择的结果，忽略此而认定犯罪是否定人的自由意志，是将人与一般动物等而视之，是对人的不尊重；人应该是目的而不是手段，不问人的主观心态而单纯处罚行为，是通过惩罚行为来防止行为，背离了以人为本的理念；对人尊重的同时也通过主观层面的考察缩小了犯罪范围，进而制约国家刑罚权，保障了个人自由的实现。

故意是认识与意志的统一，认识是意志的基础，只有在认识行为基础上产生的对行为持有的希望、放任等心态才是人自由意志的选择。而构成要件认识错误将导致缺乏行为故意而使行为不具备构成要件的该当性，因而排除了这一行为犯罪故意的可能。

本案中，赵某华完全不知射击游戏用枪为涉案法院认定的“枪支”，枪支是规范的构成要件要素，明显存在客观要件错误中的对行为对象、危害后果的认识错误，进而阻却了故意的成立。而由于《刑法》没有明文规定“过失持有枪支”的情况，故此不成立任何犯罪。

故此，本案中存在客观要件认识错误，它直接阻却构成要件该当性的成立，比因违法性认识错误而阻却责任的论证理由更强，对于行为人的出罪判断也更为有利。

（二）有无违法性认识错误的分析

违法性认识错误是指对具备构成要件的行为是否具有违法性的认识错误。在本案中，被告人赵某华对其游戏摊位上的射击气球用枪属于《刑法》意义上的枪支、持有行为属于持有枪支构成犯罪浑然不知，是典型的违法性认识错误。法谚虽云“不知法律不免责”，并且有维护公共政策、保证刑法实施等诸多理由支持，但赵某华也非一定罪责难逃，其违法性认识的可能性作为独立的责任因素，是可以阻却责任的。

我国对违法性认识是否为犯罪故意的必备内容存在较大意见分歧，主要包括无限制否定说、限制否定说、肯定说，其中限制否定说为通说。就认识内容，包括一般违法性认识说和特殊违法性认识说。社会危害性认识具有推定违法性认识的机能。〔1〕如张明楷教授所言，具有某一行为违法认识的可能性才能产生对该行为的反对动机，进而才能产生法律对其要求或非难的可能性；另一方面，侵犯法益的行为不一定被刑法禁止，即使行为人有实质的故意，如果合理地相信其行为不被刑法所禁止，违法性的错误便不可回避，也就不具有非难的可能性。故此缺乏违法性认识的可能性从法理上不阻却故意、过失，但阻却责任。〔2〕

对于本案而言，一个法规尚不算健全、仍在试验探索（于枪支标准的频繁变化可见一斑）的社会对违法性回避可能性的要求不应过高；除了公民主动学习了解法律，国家也应履行宣传普法的责任，明晰成熟的法律文本、透明公开的立法过程，判决的全面公开、学者的充分解释也是公民认识可能性提高的必要条件。脱离这些条件要求民众对法律有清晰明确的了解是不可能的。对本罪而言，公安部 2008 年《枪支鉴定判据》与 2010 年《枪支鉴定规定》都是部门规范，位阶低、影响小，一般民众没有途径也没有诱因去主动了解此种规范的变更；在我国，自 2014 年 1 月 1 日后才做到了裁判文书上网，并且还不是所有省份全部层级的法院都可以做到；学者解释法律的传统出现较晚，也未能对法检工作人员乃至全社会产生足够的影响，加之不够完善成熟的法律文本本身，都增加了行为人认识违法

---

〔1〕 李希慧、简永发：“略论违法性认识的几个问题”，载陈忠林主编：《违法性认识》，北京大学出版社 2006 年版，第 373 页。

〔2〕 张明楷：《刑法格言的展开》，北京大学出版社 2013 年版，第 390 页。

性的难度。

从赵某华的自述可见，其并不知道自己认为属“小孩玩意”的气枪是被法律禁止的，而且该摊位是从他人接手得来，前摊主的长期经营行为让其产生此行为并不违法的内心确认，接手后长达两个月的经营也并未受到任何警告，更增加了她的这种确信；至于案件被报道后舆论哗然的情况，也从侧面印证了国内一般民众也没有把气球射击游戏和非法持枪罪画上等号的预期。综合来看，基于缺乏违法性认识得出赵某华无罪结论是具有说服力的。

（三）有无期待可能性的分析

期待可能性是指根据具体情况，有可能期待行为人不实施违法行为而实施其他适法行为。相反地，不具有期待可能性则是指不能期待行为人实施合法行为，或者说行为人不具有他行为可能性。期待可能性作为出罪事由，是对责任主义的发展与补充。

我国《刑法》对期待可能性的类型化研究还不够，所以对于这种“超法规”的责任阻却事由，我国司法实践还处于早期的空白阶段。

在赵某华案中，行为人的家庭状况及其他个人经历等是否存在不具有期待可能性的事由呢？从逻辑上讲，承认“不具有期待可能性”是以确认存在违法行为为前提的。假如存在违法行为，本案案件事实所反映的各方面的主客观情况难以证成“不具有期待可能性”，故从期待可能性的角度进行论述没有必要，也相当困难。

结　论

从刑法解释学的视角对赵某华案进行分析，会发现被告人有多个角度出罪，主要包含四个维度：首先，存在客观要件错误而阻却构成要件该当性进而行为没有违法性的维度，同时存在没有进行正确的体系解释而违反《刑法》和《枪支管理法》的体系逻辑的维度；其次，存在违法性认识错误而阻却责任的维度；再次，存在违法性认识可能性的维度；最后，存在明显需要反思的法律、法规、规章自身的合理性的维度。

在本案中，即使有如此多的维度会得出赵某华无罪的结论，原审判决还是作出了枪支类犯罪的有罪判决，令人遗憾。究其原因，还是与刑法解释的方法运用不灵活有关，司法官难以处理个案中的形式与实质判断的关系，机械地适用了法律。最高人民法院、最高人民检察院之后出台的《批复》试图解决问题，选择的是以上第四个维度，这种方法对于枪支的认定虽然一劳永逸，但《批复》毕竟不是立法，且在纷繁复杂的个案中，总会遇到无法认知的情况，这时还得运用适当的刑法解释方法。

刑法与其他部门法具有不同的规范保护目的，即便相同的语词，在不同部门法中的理解也不应完全相同。对于赵某华案这种与日常生活紧密相关的案例，司法工作者应从应罚性出发，对法益侵害做实质判断；司法官不能脱离现实生活，对刑法的解释离不开对生活经验的总结。

【法条链接】

《刑法》

第一百二十八条 违反枪支管理规定，非法持有、私藏枪支、弹药的，处三年以下有期徒刑、拘役或者管制；情节严重的，处三年以上七年以下有期徒刑。

依法配备公务用枪的人员，非法出租、出借枪支的，依照前款的规定处罚。

依法配置枪支的人员，非法出租、出借枪支，造成严重后果的，依照第一款的规定处罚。

单位犯第二款、第三款罪的，对单位判处罚金，并对其直接负责的主管人员和其他直接责任人员，依照第一款的规定处罚。

物美张文中诈骗案

【案件事实】

根据原审检察机关的指控，本案事实如下：

一、关于诈骗罪

张文中，中科院系统科学博士、美国斯坦福大学博士后，曾出任国务院发展研究中心研究员，主攻宏观经济学。1994 年，张文中在北京创办了经营连锁超市业务的物美集团。

2002 年初，张文中获悉国债贴息政策及原国家经贸委正在组织申报国债技术改造项目后，即与张某春等人商议决定物美集团进行申报，并委派张某春具体负责。张某春到原国家经贸委等部门进行了咨询。

为方便快捷，张文中与张某春商量后决定以诚通公司下属企业的名义申报，并征得时任诚通公司董事长田某某的同意。物美集团遂以诚通公司下属企业的名义，向原国家经贸委上报了第三方物流改造和信息现代化建设两个国债技改项目（以下分别简称物流项目、信息化项目），并编制报送了项目《可行性研究报告》等申报材料，其中物流项目《可行性研究报告》所附的土地规划意见书及附图不规范且不具有法定效力。

上述两个项目经原国家经贸委等部门审批同意后，物美集团与和康友联公司签订虚假设备采购合同，开具虚假发票，获得信息化项目贷款1.3亿元，后用于公司经营。物流项目因客观原因未能在原计划地点实施，也未申请到贷款。

2003年11月，物美集团通过诚通公司取得物流项目和信息化项目的国债技改贴息资金共计3190万元，后用于归还公司其他贷款。

案发后，3190万元被追缴。

二、关于单位行贿罪

2002年，张文中获悉中国国际旅行社总社（以下简称“国旅总社”）欲转让所持有的5000万股泰康公司股份，即通过国旅总社总经理办公室主任赵某向国旅总社负责人明确表达了原审被告单位物美集团收购该股份的意向。

张文中请赵某提供帮助，并表示事成后不会亏待赵某。物美集团与国旅总社经多次谈判就收购股份达成一致。2002年6月26日，物美集团以其关联公司和康友联公司的名义与国旅总社签订了股权转让协议。根据张文中的安排，2003年1月至2004年2月间，张某春通过物美集团的关联公司卡斯特经济评价中心以报销费用的方式分三次向赵某支付了30万元。

2002年，粤财公司为缓解经营困难，决定转让所持有的5000万股泰康公司股份。泰康公司董事长陈某某将这一信息告知张文中并建议其收购，张文中表示同意。为促成股权转让，陈某某向粤财公司总经理梁某提出，股权转让后给梁某某500万元好处费，并向张文中提出此要求，张文中表示接受。

梁某的校友李某某（广州市华艺广告有限公司和广州市华艺文化有限公司董事长）应陈某某、张文中要求，为帮助物美集团收购股份，也找梁某做工作。之后，物美集团提出以每股

1.35元的价格收购粤财公司持有的泰康公司股份，梁某没有同意。经梁某提议，粤财公司按规定委托广州产权交易所挂牌转让，挂牌价为每股1.45元。在无人摘牌的情况下，粤财公司与物美集团经多次谈判，最终以每股1.4元的价格达成一致。

2003年3月20日，物美集团以其关联公司华美公司的名义与粤财公司签订了股权转让协议。数月后，李某某在梁某不知情的情况下，通过陈某某向张文中索要500万元。张文中应陈某某的要求，安排张某春将500万元汇至李某某的公司账户。梁某事后得知，明确表示与其无关，并拒绝接受该笔款项，该款一直被李某某的公司占有。

2008年10月9日，河北省衡水市中级人民法院作出一审判决，认定张文中犯诈骗罪，判处有期徒刑15年，并处罚金人民币50万元；犯单位行贿罪，判处有期徒刑3年；犯挪用资金罪，判处有期徒刑1年，决定执行有期徒刑18年，并处罚金人民币50万元。宣判后，张文中提出上诉。

2009年3月30日，河北省高级人民法院作出终审判决，维持一审判决对张文中单位行贿罪、挪用资金罪的定罪量刑和诈骗罪的定罪部分；认定张文中犯诈骗罪，判处有期徒刑10年，并处罚金人民币50万元，与其所犯单位行贿罪、挪用资金罪并罚，决定执行有期徒刑12年，并处罚金人民币50万元。

2013年2月，刑满释放后，张文中向河北省高级人民法院提出申诉。服刑期间张文中获两次减刑。2015年12月，河北省高级人民法院驳回张文中申诉。2016年10月，张文中向最高人民法院提出申诉。

2017年12月27日，最高人民法院决定依法提审原审被告人张文中诈骗、单位行贿、挪用资金一案。

2018年5月31日，最高人民法院对原审被告人张文中诈骗、单位行贿、挪用资金再审一案进行公开宣判，撤销原审判决，改判张文中无罪，同时改判原审同案被告人张某春、原审同案被告单位物美集团无罪，原判已执行的罚金及追缴的财产，依法予以返还。[1]

【法理分析】

民营企业家、商业大亨，张文中从以上身份变成阶下囚，又最终被宣判无罪，这大起大落的人生都出现在他一个人身上。繁盛的物美由其开创，谁知后来企业的命运影响到个人的命运，自己也遭遇官司，身陷囹圄。这样的大起大落与我国的司法进程紧密结合，通过回顾反思这个过程，说明对民营企业家的保护多么重要，企业的发展多需要法治的支撑。

一、诈骗罪的一般构成

诈骗罪是侵犯财产类犯罪，实践中多发。常见的案例是生活中的诈骗事件，骗子通过“花言巧语”设计圈套骗取社会大众，获取钱财，最终让他人受损。诈骗罪的表现形式很多，任何人都可能是诈骗罪的主体，任何人也都可能被骗。近年来，骗子的花样翻新，电信诈骗、网络诈骗成为新形态。

诈骗罪，是指以非法占有为目的，用虚构事实或者隐瞒真相的方法，骗取数额较大的公私财物的行为。诈骗罪的核心在于“骗”，骗是行为的主要方式，骗就是虚构事实、隐瞒真相，骗与最后的被害人财产损失之间有因果关系。诈骗罪的客观表现步骤是：行为人实施欺骗行为——对方陷入或者继续维持认识错误——对方基于认识错误处分（或交付）财产——行为人

[1] 中华人民共和国最高人民法院刑事判决书［2018］最高法刑再3号。

取得或者使第三者取得财产——被害人遭受财产损失，这个过程是环环相扣的，不仅每个步骤都得有，而且骗与对方产生错误认识之间、对方有错误认识和处分财产间存在因果关系。这个因果关系的要求说明，因与果有前后关系、不能调换，对其判断是必需的。

在这里要注意的是，骗的内容与真实情况相对，如果仅是描述主观感受、做自己的价值判断，则不是欺骗。在主观上，行为人对自己的欺骗是明知的，而且还希望或放任这样做，且诈骗罪要求行为人有非法占有的目的。下文以诈骗罪的上述几个步骤为依据，整合分析本案是否符合诈骗罪。

二、本案不符合诈骗罪的构成

（一）本案被告人没有欺骗

本案原审认定，张文中在物美集团申报国债技改贴息项目时存在欺骗。所谓骗，就是定义中的虚构事实、隐瞒真相，符合国债技改贴息项目申请标准的就不是骗。当时物美集团是民营企业，所申请的项目是国债贴息，若要构成骗，就得证明物美集团不具备申报资格，却采用各种手段使相关机关认为其具有申报资格，被骗的人是有关负责机关。

那物美集团有没有骗呢？先看看当时的真实情况，与真实不符的才是骗。物美集团有没有申报资格，要放在当时的历史背景下，找寻当时的规范性文件依据。2002 年申报国债技改项目的文件依据是 1999 年原国家经贸委等四部门发布的《国家重点技术改造项目管理办法》，以及原国家经贸委 2002 年下发的《关于组织申报 2002 年国债技术改造项目的通知》（以下简称《申报项目通知》）。在上述管理办法中，有“国家重点技术改造项目的企业选择……重点从 512 户重点企业、120 户试点企业集团和行业骨干企业中重点选择领导班子强、管理好、银行信用等级高的国有大型企业和国有控股大型企业”的规定。在上述《申报项目通知》中，有“重点支持国有和国家控股的大型骨干企业……促进经济结构的优化，实现国有企业战略性改组”的规定。从以上表述看，“重点从……选择”“重点支持”的表述说明当时的国家政策有明确的导向，在企业筛选时有侧重点，既然如此，当然也存在非侧重点。侧重点与非侧重点范围的企业都属于可申报的范畴。重点的表述就是为了起提醒作用，明确国家部委审批时的优先范畴，也为了提醒各企业积极申报，“重点”不是“只能”。“法无禁止即自由”，上述文件只是侧重于国有企业申报，从未禁止民营企业申报，从法解释学角度看，非国有企业也可申报只是非优先支持罢了，原审认定物美集团没有申报资格不符合法律解释原理。

参与过本案办理的学者指出，按照文义解释，不能得出民营企业没有资格申报项目的结论。同时，根据《申报项目通知》的具体内容，以体系解释为指导，更是可以得出民营企业有资格申报2002年国债技改项目的结论。[1]根据《申报项目通知》第1条规定，2002年国债技改投资重点有四个方向，分别是“促进产业升级”“加快结构调整”“促进企业安全生产、工业节能节水和污染治理”以及“推进企业信息化”。对后三个方向，《申报项目通知》分别规定了“重点支持国有和国有控股的大型骨干企业”“充分支持国有大中型煤炭企业安全设施的更新改造”“重点支持国有大型骨干企业信息化建设”。对第一个方向，即“促进产业升级”方向，则没有区分企业性质，而是规定“坚持以市场需求为导向”。综合上下文体系，每个方向的要

〔1〕 参见赵秉志、左坚卫：“张文中案：事实澄清与法理展开——诈骗罪部分”，载《法律适用（司法案例）》2018年第12期。

求略有不同，既然有一个方向没有要求，更可以说明非国有企业也可申报，否则文件会同样指出的。也就是说，第一个方向，若没有特殊说明，应解释为所有企业都可以申报。物美集团是一家影响力很大的民营企业，当时张文中了解到国家的相关政策，就想申请此技改贴息项目，促进第三方物流改造和信息现代化建设。也就是说，物美集团申报建设的就是第一个方向，是为了促进产业升级。

本案中，既然物美集团符合申报条件要求，那么为何他又要以其他企业名义申报呢？因为在当时的环境下，这是最符合效率的选择。国有公司申报有明显优势，也能获得重点支持，物美集团虽然客观上实施了通过国企诚通公司申报国债技改项目的不规范行为，但物美集团这样做只是为了节省时间，并不是为了欺骗国家经贸委。文件中既然有侧重点还有表述不明的地方，为了稳妥申报成功，利用国企申报符合结果效益原则。这一申报也获得了国企诚通公司的同意。再审审判认定，物美集团在通过诚通公司申报国债技改项目时，一直是使用本企业真实名称，从未隐瞒自己的民营企业性质。也就是说，物美集团没有主动隐瞒，没有“虚构事实”或“隐瞒真相”的行为。从这个过程中看不出物美有任何“骗”的动机。

此外，物美集团申报的项目本身也不是虚假的。判断项目是否虚假，应当考察的因素是项目是否为物美集团所需要，以物美集团的能力是否能完成，物美集团是否采取了措施积极推进项目的实施，而不是项目最终是否完成，更不是项目是否严格按原计划完成。〔1〕企业执行项目本身存在不确定因素，外在客观条件、环境、风险都不完全可控，应站在项目申报时和项

〔1〕 赵秉志、左坚卫编著：《民营企业产权保护第一案——张文中案件的参与暨思考》，法律出版社 2019 年版，第 499 页。

目执行过程中看待项目是否可行，是否虚假。项目最终完成的内容与申报时不完全一致，当然属于可接受范畴，不意味着项目虚假。项目是否完成，应当按照规定进行实质判断。物美集团的物流项目一波几折，最终换地点建设了该项目；该项目最终未获银行贷款，也是客观情形导致的，物美集团尽了足够努力，项目在开始时具有可行性，这些都表明了项目的真实性。物美集团的信息化项目，则最终都得以实现。“计划赶不上变化”，任何人都不能精准预测未来，以项目申报书和最初的可行性报告的内容否定后来项目的实质真实，不符实际，是机械的。

从事实和证据看，证人证言连同若干其他书证作为新证据提交法庭，包括证明物美集团获得银行贷款，以及资金使用情况的证明，充分说明物美申报的国家项目真实，并未违规使用项目资金，完全属于国债贴息政策支持的范围。[1]

综上所述，本案中张文中和物美集团没有欺骗行为，手段、结果都不是在骗，不符合诈骗罪构成的第一个步骤。

（二）对方没有陷入错误认识

本案中的对方指原国家经贸委。技改贴息项目当时由其负责，他们制定的文件就是根据国家政策而来。他们了解国家的政策导向，知道政策的侧重点是什么，知道在文件中没有明确限制非国有企业申报，他们决定并解释着文件的具体落实规则，对于不符合要求的企业在职责范围内就会发觉，不存在被骗的可能。

证人证言及原国内贸易部《关于确定全国第一批连锁经营定点联系企业的函》证实，物美集团是原国内贸易部及原国家经贸委贸易市场局的定点联系企业；证人表明，在物美集团申

---

〔1〕 赵秉志、左坚卫编著：《民营企业产权保护第一案——张文中案件的参与暨思考》，法律出版社 2019 年版，第 343 页。

报过程中，曾听过张文中等人的汇报，并考察了物美的超市和物流基地，参与了审批，经审查认为符合国债项目安排原则。[1]负责单位的职责就是要实质审查材料，以上都表明，原国家经贸委等负责单位对物美集团的申报及其性质都是了解、明知的，没有因为材料内容陷入错误的认识。

物美集团在申报时用了自己企业的真名，只不过通过诚通公司的名义进行申报，这些都没有隐瞒。工作人员在审查材料时对此都没有误认，而且还相互讨论请示，审查物美集团的项目符不符合国家导向。原国家经贸委作为政策的具体执行审查机关，其最清楚项目要求的是什么，对所有制有没有限制，企业的情况是什么。只要物美集团真实申报，相关工作人员尽职履责审查，就不会有“被骗”的情形出现。给不给项目的决定权在国家机关这方，如果发现物美存在欺骗行为，完全可以直接制止，取消其申报；况且，从结果看，还有别的非国有企业获得国家国债技改贴息项目的支持，这一切均表明，对方没有因为被骗而陷入错误认识，诈骗罪的这个步骤不存在。

（三）被害人没有财产损失

诈骗罪是侵犯财产法益的犯罪，构成本罪既遂必须使被害人有财产损失。本案原审认定行为人构成了诈骗罪既遂，这是不符合事实的。

关于财产损失，本罪到底是侵犯整体财产的犯罪还是侵犯个别财产的犯罪，一直存在争论。对个别财产的犯罪，是指对被害人的个别财产进行侵害的犯罪，只要被害人丧失了个别财产，即使同时使被害人获得了相应利益，也成立犯罪。对整体财产的犯罪，是指对被害人的财产状态整体进行侵害的犯罪，

〔1〕参见［2018］最高法刑再3号判决书。

其特点是，将财产的损失与取得作为整体进行综合评价，如果没有损害就否认犯罪的成立。[1]大陆法系不少国家均做这种分类，德国的通说是坚持整体财产说，而在日本，个别财产说更为有利。两种分类的主要差异在于被害人丧失的财产与行为人获得的利益不一致的情形，若行为人获得的利益少于被害人丧失的财产，则应该怎样认定财产损失呢？

我国刑法普遍认为财产损失是诈骗罪构成中的一部分，但对什么是财产损失讨论较少。传统上认为，行为人获得的利益等同于被害人的财产损失。这也符合大多数实情。但是，二者不一样的情况也确实经常出现，比如，行为人已付出大量的“成本”，那么“被害人”丧失的就不一定是其付出的全部财产；还比如，在纯给付型的被骗场合，更难以说给付的全部财产就是其财产损失了。

纯给付的情况是讨论的难点，纯给付意味着是无偿的，这里的“无偿”更多的指没有经济上的回报利益。这种诈骗被称为“有意识的自我损害”。既然是明知无偿的，又怎么会有财产损失呢？比如，捐款给受水灾侵害的群众，结果接受捐款的福利机构负责人却将捐款用作偿还个人欠款，则行为人的行为可以构成诈骗罪。在这里，捐款人对自己的财产减少是明知的，被骗的是款项的用途，行为人违背了承诺的款项用途，导致捐款人期望的目的无法实现。捐款人自愿付出财产，为的是获取其他收获，如果此目的也无法达到，捐款人的利益就遭受了侵害，应该由刑法保护。

换一种情况，如果捐款单位负责人将捐款用于救助地震灾害的群众，则不构成诈骗罪，因为款项的整体用途相当（即便

---

〔1〕 参见张明楷编：《外国刑法纲要》，清华大学出版社 2007 年版，第 527～528 页。

水灾与地震灾害不是同一种灾害）。可见，对于财产损失的判断不光要看客观金钱的数额多寡，还要结合主观上的给付方的主观“目的”是否实现。这里对是否能实现目的的判断，要根据社会整体的通常观念进行，从社会层面看，财物的使用符合积极的整体目的的，就是目的实现；至于目的实现的对象、方式、细节，则在所不问。

目的不达理论是对传统诈骗罪财产损失理论的补充，为的是在明确知晓“自我损害”的情况下认定法益受损害的情况，规制诈骗的行为。有学者明确指出，与绝大多数“无意识的自我损害”的诈骗案的认定不同，面对这种“有意识的自我损害”的特殊案件，还需要进一步检验是否存在社会目的落空的情形。〔1〕因为在大多数诈骗案件中，我们说的财产损失正是由于被骗人的瑕疵处分财产行为导致的，他对于处分该财产之后无法获得任何回报是不明知的，骗子就利用了这一点，让其相信交付财产后有好处；但在“有意识的自我损害”案件中，似乎被害人对财产的损失是明知的，即“承诺”的，要让这种情况凸显出法益保护的价值，那法益损害就体现在被骗而造成的其他损失上，表现为财产的不当付出。上述捐款目的无法实现即属于这种情况。德国刑法中的“目的不达”包括行为人虚构或隐瞒与分配规则有关的关键事实骗取国家为实现特定社会政治或经济政策目的所提供的公共资源，并且违反上述目的对这些资源加以利用。〔2〕据此，在纯给付的情形下，行为人利用了虚构的事实或隐瞒关键事实，导致严重背离特定目的使其无法实现的，就可视为目的不达。这种目的不达就满足了诈骗罪的

---

〔1〕 车浩：“最高法院改判张文中案：遗憾与贡献”，载 https://mp.weixin.qq.com/s/RPuiM50BwYpiFC5OGO1WPQ，2020 年 2 月 24 日访问。

〔2〕 王钢：《德国判例刑法（分则）》，北京大学出版社 2016 年版，第 227 页。

“财产损失”的要件。

综上，由于被害人与行为人的财产互动关系形式多样，对财产损失的判断不仅是金钱数目的加减。“以金钱价值为主，以交付目的为辅”，归根到底就是强调在被害人有无财产损失的判断上，要把交付的财产的客观价值与主观价值有机地结合起来。[1]这一主客观统一的标准便是分情况综合判断的标准。

回到本案，当时国家的国债技改贴息项目，就是国家相关部门给予企业的一种无偿补贴，国家不是要直接获得企业的经济回报，而是通过该项目引导企业投资方向，促进产业转型，这些都是更远大的政策目的。物美集团申请到该项目后，按照要求进行了项目实施，实现了预期目的。物美集团当时申请了物流项目和信息化项目，项目类型符合申报要求，物流项目因“非典”和当时物流管理政策调整未能按时实施，这是不可抗力导致的；物美集团一直力促产业升级，推动信息化项目。就事实看，物美集团向银行申请贷款时使用的合同未实际履行，具有一定虚假性，未做到专款专用，但其有相同数量的贷款和国债贴息资金用于信息化项目。钱款本是种类物，作为批复的专项资金和贷款，具有财产性利益的性质，但也改变不了钱物没有可以混同使用的本质。最高人民法院的判决书指出：“物流项目获批后未按计划实施及未能贷款系客观原因所致，且已异地实施。原判认定物美集团申报虚假信息化项目，依据不足。”以上说明，物美集团把资金用到了申报时的项目上。企业经营本就面临不确定风险，探究是否构成“骗”，要从本质上判断，项目最终实施，当然就实现了预期目的。即便按照上述德国刑法理论，物美集团张文中等人的行为没有构成对关键事实的欺骗，

〔1〕 马克昌主编：《百罪通论》（下卷），北京大学出版社2014年版，第805页。

项目也用在了要求的目的上，未使国家特定的产业政策无法实现，也就是目的没有落空。在这种情况下，对国家来说，单纯的财产付出并没有使国债技改贴息的交付目的无法实现，与其他申请到该项目的企业一样，项目得以完整实施，那么国家有关部门就不存在财产损失。一个没有损失的项目，又如何存在诈骗罪之说呢。

当然，目的不达理论主要用于被骗行为发生后的实际损失判断阶段，本案的事实就是没有欺骗行为，有关机关也没有产生错误认识，那就未用到目的不达理论，诈骗罪的步骤就不具备。

综上，再观诈骗罪的行为流程，被告人的行为不构成欺骗，也没有给被害人造成财产损失，整个行为符合当时的文件实质，符合政策的发展方向。既然如此，行为人也就没有诈骗的故意，把这样的行为定性为诈骗罪，不符合犯罪构成，更不符合刑事政策的导向。

关于本案还涉及的单位诈骗罪的问题，单位不属于普通诈骗罪的犯罪主体。根据我国《刑法》的规定，单位可以构成集资诈骗罪、票据诈骗罪、金融凭证诈骗罪、信用证诈骗罪、保险诈骗罪等金融诈骗罪。由于骗的核心步骤不符合，物美集团自然也不构成犯罪，关于这方面的具体问题笔者不做探讨。

除了事实与犯罪构成的对应之外，本案还存在法律适用的问题，刑法在时间效力上遵循“从旧兼从轻”原则，审判时就要依据当时的申请规范判断。当下，对国有企业与非国有企业平等保护、同等对待的观念已经深入人心，国家支持的企业性质也就不该有什么差别。但案件发生在21世纪初，不能“事后诸葛”，查阅那时的文件，依据的是1999年原国家经贸委等四部门发布的《国家重点技术改造项目管理办法》，以及原国家经贸委2002年下发的《关于组织申报2002年国债技术改造项目的通知》。这些文件都未禁止民营企业申报，即便存在模糊空间，也不能认为物美集团违法。物美集团作为民营企业有资格申报2002年国债技改贴息项目，无须冒充国有企业进行申报。物美集团以国有公司下属企业名义申报项目，真实情况是为了节省申报时间而借助国有企业通道递交本企业的项目申报材料，其所申报项目真实，符合要求。

关于本案涉及的单位行贿罪，不属于本文讨论的范畴，在此不再展开。

三、本案带来的整体启示

民营企业发展不易，民营企业的领导者既需要关注市场方向，还要时刻防范各种法律风险，尤其是刑事风险。随着经济发展走向深入，各类利益、关系复杂，企业家陷入各类纠纷很常见。物美的案件告诉我们，企业合规合法经营非常重要，企业为了良性发展经不起折腾。再好的企业，如果一心只想着经营事务，忽略了法律层面的建设，都有可能面临危险。

作为司法工作者，面对纷繁复杂又易变的社会，不能就法条论法条。对规范性文件进行解释时，要运用多种解释方法，并注意各解释方法的位阶。对政策的导向解读，要联系上下文，结合时代背景进行。司法工作者应有大视野，对于经济类案件，不仅要懂法律，更要懂得法律背后的法理，对国家的宏观调控政策、经济发展形势要有全面了解。视野太窄会最终损害正义的实现。

企业产权需要刑法保护。企业的良好发展离不开法治的健全，刑法不能成为剥夺企业发展的工具。最高人民法院2016年发布的《关于充分发挥审判职能作用切实加强产权司法保护的意见》规定："对改革开放以来各类企业特别是民营企业因经营不规范所引发的问题，要以历史和发展的眼光客观看待，严格遵循罪刑法定、疑罪从无、从旧兼从轻等原则，依法公正处理。""历史和发展的眼光"正说明了看问题的视角，不应将不规范一律当作违法犯罪，对企业在创立初期为应对困难采取的一些措施应辩证看待，以对企业发展有利、促进企业发展的精神，权衡谨慎处理各类案件。企业的经营千头万绪，无不与社会各层面打着交道，蕴含着各方面风险。社会参与者要尊重企业的经营规律，不能看到有利可图就插一手，司法机关更是如此，保持谦抑性对企业有着生命线般的作用。

近年来，各级法院加强了纠错力度，一批涉企业产权的案子被纠正。这充分反映出司法机关在推动我国经济社会发展大局方面走在前列。本案由最高人民法院直接再审改判，成为涉企业产权类案件的"标杆"。再审程序在这个过程中发挥了很大作用。我国的审判监督程序针对已生效的裁判，坚持实事求是、有错必纠，无论再久远的案子，只要事实上、法律上或程序上有错，该纠正就得纠正。纠正错案是对当事人负责，更是对人民负责。司法是社会的底线，物美案的纠正，就明确了最高司法机关的态度，划定了法律的边界，让企业家放心，有助于全社会民营经济的蓬勃发展。

2019 年 12 月中共中央、国务院发布了《关于营造更好发展环境支持民营企业改革发展的意见》，该意见明确指出，健全平等保护的法治环境。具体包括"健全执法司法对民营企业的平等保护机制""保护民营企业和企业家合法财产"。意见有助于进一步激发民营企业活力和创造力，充分发挥民营经济在推进供给侧结构性改革、推动高质量发展、建设现代化经济体系中的重要作用。民营企业的发展离不开政策保障，只有清除企业发展的外部障碍，企业才能顺应其自身运作，良性发展。

本案还彰显出裁判任何案件都应遵循的道理，即坚持证据裁判、实事求是、罪刑法定，这些不仅是理念，更是应当时刻对照的标准。本案原审和最高人民法院再审对不少事实的认定定性都不一样，对规范性文件的解读也不一样，这就说明原审判决没有严格依据证据认定，案件的办理没有严格依法进行。这不仅是司法是否做到能动的问题，还是案件能否公平办理的问题。证据裁判是刑事诉讼法的基本原则，审判只能以现有的证据作为事实依据；罪刑法定是刑法最重要的基本原则，它划定了罪与非罪的界限，不能随意出入罪。这些都告诉裁判者，犯罪的认定要非常慎重，不构成犯罪的不能拔高认定为犯罪。物美张文中诈骗案，包含着人物命运与平反纠错的跌宕起伏，使其成为裁判史上的代表性案件。

【法条链接】

《刑法》

第三十条　公司、企业、事业单位、机关、团体实施的危害社会的行为，法律规定为单位犯罪的，应当负刑事责任。

第三十一条　单位犯罪的，对单位判处罚金，并对其直接负责的主管人员和其他直接责任人员判处刑罚。本法分则和其他法律另有规定的，依照规定。

第二百六十六条　诈骗公私财物，数额较大的，处三年以下有期徒刑、拘役或者管制，并处或者单处罚金；数额巨大或者有其他严重情节的，处三年以上十年以下有期徒刑，并处罚金；数额特别巨大或者有其他特别严重情节的，处十年以上有期徒刑或者无期徒刑，并处罚金或者没收财产。本法另有规定的，依照规定。

第三百八十七条 国家机关、国有公司、企业、事业单位、人民团体，索取、非法收受他人财物，为他人谋取利益，情节严重的，对单位判处罚金，并对其直接负责的主管人员和其他直接责任人员，处五年以下有期徒刑或者拘役。

前款所列单位，在经济往来中，在帐外暗中收受各种名义的回扣、手续费的，以受贿论，依照前款的规定处罚。

《刑事诉讼法》

第二百五十三条 当事人及其法定代理人、近亲属的申诉符合下列情形之一的，人民法院应当重新审判：

（一）有新的证据证明原判决、裁定认定的事实确有错误，可能影响定罪量刑的；

（二）据以定罪量刑的证据不确实、不充分、依法应当予以排除，或者证明案件事实的主要证据之间存在矛盾的；

（三）原判决、裁定适用法律确有错误的；

（四）违反法律规定的诉讼程序，可能影响公正审判的；

（五）审判人员在审理该案件的时候，有贪污受贿，徇私舞弊，枉法裁判行为的。

张扣扣复仇案

【案情介绍】

张扣扣家与被害人王某新、王正某（王某新之子）家在陕西省汉中市南郑区××乡××村南北相邻而居。张扣扣之母汪某萍过往与王正某之母杨某英关系不睦。

1996年8月27日19时许，汪某萍路过王家门前时，因过往与王家有矛盾，汪某萍便朝王正某之兄王校某脸上吐唾沫，二人发生争吵。王正某闻讯赶到现场，也同汪某萍争吵并撕打。汪某萍拿一扁铁在王正某的左额部、左脸部各打一下，王正某即从路边捡一木棒朝汪某萍头部猛击一下，致汪某萍当场倒地，当天22时许汪某萍死亡。

同年12月5日，汉中市原南郑县人民法院鉴于王正某犯罪时未满18周岁、汪某萍在案件起因上有一定过错等情节，以故意伤害罪判处王正某有期徒刑7年，王某新赔偿附带民事诉讼原告人张某经济损失9639.3元。

此后，两家未发生新的冲突，但张扣扣对其母被王正某伤害致死始终心怀怨恨，加之工作、生活多年不如意，心理逐渐失衡。2018年春节前夕，张扣扣发现王正某回村过年，决定报复杀害王正某及其父兄，先后准备了帽子、口罩，自制了8个汽油燃烧瓶，购买了尖刀、玩具手枪等工具，并暗中观察王正某及其家人的行踪，伺机作案。

2018年2月15日（农历除夕）12时许，张扣扣发现王正某及其长兄王校某（被害人，殁年46岁）与十多名亲属上山祭祖，便戴上帽子、口罩并将粉红色T恤围在颈部，携带尖刀、玩具手枪尾随王正某、王校某等人至本村村委会门前守候。待王正某、王校某祭祖返回行至村委会门前村道时，张扣扣趁王正某不备，上前持刀朝王正某颈部猛割一下，又连续捅刺其胸腹部等处数刀。

王校某见状惊慌逃跑，张扣扣追上王校某，持刀朝其胸腹部捅刺。王校某摔进路边沟渠，张扣扣跳进沟渠继续捅刺其数刀，致王校某心脏、肺脏等多脏器破裂死亡。而后，张扣扣返回倒在路边的王正某身旁，再次捅刺王正某数刀，致王正某右颈总动脉、肺脏、肝脏等胸腹腔脏器破裂失血过多死亡。

随后，张扣扣闯入王某新家院子，朝坐在堂屋门口的王某新胸腹部、颈部等处捅刺数刀，致王某新右颈动脉、静脉及心、肺等多脏器破裂死亡。张扣扣回家取来一把菜刀和两个自制汽油燃烧瓶，用菜刀将王校某停放在路边的轿车左后车窗玻璃砍碎，并点燃两个汽油燃烧瓶，分别扔在车后排座椅和右后车窗玻璃处，致车后部燃烧，车辆毁损价值32 142元。张扣扣逃离现场后，于同月17日7时许到公安机关投案。

二审时，辩方律师向二审法庭提交了法医精神病学审查意见书，证明张扣扣符合偏执型人格障碍诊断标准；张扣扣母亲被杀与其偏执型人格障碍有因果关系；张扣扣被评定为限制刑事责任能力。

二审法院认为，张扣扣无精神病家族史和既往史，具有现实作案动机，作案前精心策划和预谋，作案后逃避追捕，后又投案自首，表明其具有完全的辨认能力和控制能力，且一审庭审中思维清晰、对答切题；二审庭审中亦未发现张扣扣有精神异常表现。辩护人提交的审查意见书，不能作为定案参考。对上诉理由及辩护意见不予采纳。

陕西省汉中市中级人民法院审理汉中市人民检察院指控被告人张扣扣犯故意杀人罪、故意毁坏财物罪一案，于2019年1月8日以［2018］陕07刑初37号刑事判决，认定被告人张扣扣犯故意杀人罪，判处死刑，剥夺政治权利终身；犯故意毁坏财物罪，判处有期徒刑4年，决定执行死刑，剥夺政治权利终身。宣判后，张扣扣提出上诉。陕西省高级人民法院经依法开庭审理，于2019年4月11日以［2019］陕刑终60号刑事裁定，驳回上诉，维持原判，并依法报请最高人民法院核准。2019年7月6日，最高人民法院对张扣扣核准死刑。〔1〕

【法理分析】

张扣扣案引发全社会关注，主要在于对该案辩护词的争议。在张扣扣终审被判处死刑时、张扣扣被执行死刑时，该案的辩护词、起诉意见书都在网络上“刷屏”。法律人、看客、普通大众，各不同群体的人对这些法律文书发出了不同的声音，可谓争论纷纷。

就张扣扣案来说，该案是一起恶性杀人事件，手段残忍、后果严重；但该案事发有因，有为母复仇的伦理情节。张扣扣该不该死，被害后该如何应对反击，当时处理案件有没有问题，这些争议一直影响着大众的判断，进而关系到本案的量刑。

随着喧嚣的情绪逐渐散去，事后再“冷眼”旁观这起案件，有颇多内容值得玩味。只有在理性的思考下，实体与程序问题

〔1〕陕西省高级人民法院刑事裁定书［2019］陕刑终60号。

的探讨才可能更全面，更有价值。笔者主要探讨的问题有：如何看待张扣扣的死刑判决；刑事案件辩护词该怎样定位。

一、如何看待张扣扣的死刑判决

张扣扣案的起因是其母亲在邻里纠纷中被被害人之一伤害致死，而这发生在22年前。本案发生时，其母被害案的凶手早已被判刑，后来出狱。张扣扣除了预谋杀害原案被告人外，还杀害了原案被告人的父亲和哥哥，此外，他还用燃烧瓶破坏了车辆，造成重大财产损失。

与传统上的普通杀人案件相比，该案选择的对象不是随机的，案发不是“激情”的，事发缘由也是存在的。这就意味着本案没有普通的故意杀人案危害性大，人身危险性有所降低，预防必要性似乎也没那么大。张扣扣的母亲遇害，他的犯罪对象之一又是使母亲遇害的凶手，这使案件有了针对特定范围对象的复仇性。

但是，该案与传统理解的复仇又有明显差别。从数量上看，张扣扣的母亲遇害，实际上是被伤害致死，而张扣扣杀害的却是3人，包含与原案件无关的2人，他们只是由于亲属身份才遭杀害，数量上不对等。从时间看，张扣扣不是在原案发生后的自行报复，而是在案件早已被处理之后的蓄意谋杀。从作案过程看，张扣扣混杂着多种情绪，是积蓄下的爆发，报仇的动机并不单纯。也就是说，张扣扣的所谓“复仇”只是一个由头，不是案件发生的全部诱因。特别对于两位完全无辜的被害人来说，他们与被告人之间素无纠纷，生命就被毁掉，非常悲惨。

故意杀人案件是最严重的刑事案件，它直接剥夺了他人的生命权。死刑适用于罪行极其严重的犯罪人，故意杀人罪在罪质上属于严重的犯罪，可以适用死刑。对具体的故意杀人案，行为的客观危害是否足够严重、行为人的主观恶性是否足够严重、人身危险性是否足够大，是对其是否适用死刑立即执行的指标。从本案的具体情形看，杀害人数、作案时间、作案过程都表明了本罪的客观危害已极为严重；行为人时隔多年仍然“念念不忘”，将仇恨埋藏于内心，不肯善罢甘休，表明其主观恶性极其严重；杀人行为果断坚决，不放过无辜，连杀 3 人，还烧毁王校某家用车辆，而且特意选择在除夕公开作案，表明其人身危险性极大。

对恶性故意杀人案件，如果不判处死刑立即执行，留被告人一条“生路”，那么就应当能找到法定或酌定的从宽处罚情节。典型的从宽情节有：未遂、中止、胁从犯、自首、立功等，多个刑罚裁量情节并存时就要进行综合比较，相对来说，法定量刑情节比酌定量刑情节的作用更大。

本案更多呈现出的是张扣扣的各种从重处罚情节。预谋已久，准备工具，都表明其作案非临时起意，心思缜密、意志坚定，主观恶性大；他作案选择的初始对象更多，包含更多的无辜人，这就说明他可能造成的客观危害性更大，具有破坏性，易引起社会恐慌；他将自己的生活不顺迁怒于人，找错了对象，随意杀戮，综合的社会危害性都很大。相比于这些情节，张扣扣的法定从轻情节主要就是自首，但自首属于“可以”从宽型情节，是否从轻或减轻处罚，要结合案件的性质和具体情况综合判断，不是一概而论的，近年来多起恶性案件的行为人虽选择自首，但最后仍被判处了死刑立即执行，本案中的被告人依法不足以对其从轻处罚。

此外，在到案后，张扣扣故意误导侦查，浪费司法资源。根据查明的事实，张扣扣起初对于杀人凶器的去向故意作虚假供述，误导侦查人员耗费大量人力、物力、财力在错误的地点进行打捞，其目的是“我随便说个地方让你们警察慢慢去捞，鹿头堰水域比较复杂，水面比较大，打捞比较困难，给你们警察增加工作难度，反正就是不想让你们捞到刀，好毁灭证据”，足见其对抗侦查、不愿悔罪、浪费司法资源的恶意。浪费司法资源在客观上阻碍了司法机关的正常办案，主观上表明行为人有较大的人身危险性，这都是可以在量刑时从重考虑的情节。以上阻挠侦查的行为延误了案件的侦破，与自首节约司法资源的初衷相反，构成对被告人“不从宽”的理由。

可能有人认为，张扣扣的案件毕竟是有起因的，他的母亲被害在前，且母亲残忍遇害时正被当时只有 13 岁的张扣扣看到，这些在他心里留下了抹不去的阴影。但是，情感上的起因不都能成为刑法上减免刑罚的理由。能否减免刑罚，要回归到法律规定的法定量刑情节上，案件中发生的情节才是最重要的。

1996 年那起案件经过审查，事实认定准确、证据确实充分、适用法律正确、量刑适当、服刑符合法律规定，未发现任何不当之处。那起案件已经过处理，是一起正确的案件。以原案件存在不公，并进而自行进行报复的做法于法无据，不合理，没有正当性。如果都以自己的好恶、情感来判断司法公正与否，那还要法官来裁判干什么？现实生活中，有太多这样的不讲理、不信法的情况出现，对某些人来说，再怎么公正只要不符合自己心意就是不公正，管它法律怎么规定，只有自己内心的观念才是正确的。公民对国家机关的确有批评、建议的权利，但不能无理取闹、反复纠缠。任何公民都可以通过正常的、法律允许的渠道申诉、行使权利，但不能由着性子让法律围着自己转。当愤怒、不满、自负情绪充满心底，双眼就被蒙蔽，法治就不复存在。

“血亲复仇”能否成为张扣扣免死的理由？在传统观念中，

父母之仇是血海深仇，不共戴天，必须报仇。但是在现代法治社会下，杀人放火自有法律处理，不允许私人自愿处置，而法治具有统一性。正像本案公诉方所指出的，道德是不断发展的，过去的血亲复仇被认可是维系部落、宗族血亲的重要手段，而社会在不断进步，从奴隶社会到封建社会再至资本社会，部落、宗亲关系已经被现代社会关系所替代，复仇在今天也是道德所不能接受的。复仇是一种私力救济，只有当公权力在维护法律正义上缺位或不到位时，才有正当性。在本案中，公权力早已发挥作用，复仇行为本身就不合法，可见该案的发生从头到尾都是不法的，没有依据的。现代刑法制度、公诉制度的建立，就是为了更好地保障公民个人权利和社会利益，让追责有规矩。国家为个人着想，个人就不能按照自己的方式随意行事。从私力救济走向公力救济，是一个国家文明的标志之一。

如上分析，抛去了案发起因这个外衣，张的行为手段、方式、后果都极其坚决残忍，不具有可宽宥性。从客观危害、主观恶性、人身危险性来看，都达到了“极其严重”的程度，完全符合死刑的适用标准。从与其他案件的对比看，其他杀人案件，达到如此严重后果的，都被判处了死刑立即执行。

有观点认为，这场讨论中一个吊诡的逻辑悖论是，我们否定张扣扣同态复仇的同时，又极力主张对张扣扣“不杀不足以告慰死者”。结果导向的报复与惩罚不是也不应该是法治的根本目标吗？[1]话虽如此，但司法机关判处的死刑与私利报复的杀人截然不同。司法机关的判决经过了法定程序，遵循事实与法律的查证，赋予了被告人辩护权，正当的实体与程序保障了刑罚的正确实施。在我国尚保留有死刑的当下，慎用并正确适用

〔1〕 叶竹盛：“张扣扣案辩护词之争是一堂‘法治进阶课’”，载《新京报》2019年7月22日。

死刑正是法治的体现。即便赞同废除死刑，在死刑仍然保留情况下，准确适用死刑也是对制度的尊重，是最大的公平。这不是单纯以结果为导向，而是保障程序之上的依法判决。一个死刑废除论者不能以自己的观念来抵制当下制度的实施，维护现存的刑法上的死刑是司法工作者的责任。

网络上那些不判张扣扣死刑的观点，主要都基于张扣扣的身世痛苦、有仇在先，还有辩方提出的张扣扣有偏执型人格障碍，是限制刑事责任能力人。至于网上的主张，仍然是“同态复仇”朴素价值观的变种，过多将日常感情因素融入对结论的判断中，忽视了法规范因素更加突出的重要作用。文明社会，有纠纷也要通过法律渠道、在法律的框架内解决，当自己的行为与法律产生冲突时，当然应当依法办事，否则就要遭受法律制裁。社会运行的统一尺度就是法律，而不是个人化的情感。被告人的生活状态怎么样，与被害人间曾经有没有纠纷，都不构成自己随意杀人的理由。

至于辩方提出的张扣扣刑事责任能力方面的问题，刑事责任属于对犯罪主体判断的内容，若行为人的意志不能完全支配行为，就应当承担减轻的刑事责任。刑事责任的大小强弱要经过专业判断，根据我国刑法，要将医学标准和法学标准相结合。刑事责任能力指行为人构成犯罪和承担刑事责任所必须具备的刑法意义上辨认和控制自己行为的能力。对于一般公民来说，只要达到一定的年龄，生理和智力发育正常，就具有了相应的辨认和控制自己行为的能力，从而具有刑事责任能力。刑事责任能力的医学标准由专业人士鉴定，法学标准依据辨认能力与控制能力相结合的标准，辨认能力是控制能力的基础。本案中，辩方提出被告人张扣扣是偏执型人格障碍，这还没有构成精神病的程度；就案件发生过程看，张扣扣对儿时的事情记忆深刻，怀恨在心，作案前精心策划和预谋，作案后逃避追捕，后又投案自首，表明其具有完全的辨认能力和控制能力，对自己要干什么、干了什么，是完全清楚的，对自己的行为能控制、有决断。因此，张扣扣不属于意志减弱人，在刑法上具有完全的刑事责任能力，应该依法承担相应的刑事责任。

至此，张扣扣可不判死刑的理由并不充分，在法律上没有明确的依据；而张扣扣犯罪的从严处罚情节却都具备，本案判其死刑符合法律精神。

二、关于本案辩护词的争论

被告人张扣扣的辩护人邓学平律师曾在网上展示出本案的辩护词《一叶一沙一世界》。该辩护词洋洋洒洒上万字，分为“这是一个血亲复仇的故事”“张扣扣没有更好的仇恨派遣通道”“复仇有着深刻的人性和社会基础”“国家法应该适当吸纳民间正义情感”“尾声：张扣扣是一个什么样的人”五部分，引用历史、文学、英美法格言、犯罪学知识等，全面剖析了张扣扣犯罪的成因，充满感情，令人动容。在这篇辩护词中，张扣扣被塑造为因母亲遇害而复仇的形象，符合民间认可的价值，其犯罪是情有可原的。与本案公诉词规范论法不同，辩护词多出了更多情感内容。

关于张扣扣案的辩护词，网上的争论极为对立。赞赏者认为，该辩护词内容丰富，有文采，有诗意，对犯罪的产生原因分析得很透彻。批判者则认为，该辩护词就根本没在点子上，辩护的要点都不是法律领域内的，各种法定情节都没有谈，只是在煽情，说给舆论听的，偏离了辩护的本意。无论观点如何，这些争论都肯定了辩护制度本身的价值，认为辩护应更好地在刑事诉讼中发挥作用，这种认识非常有意义。

辩护权是我国《刑事诉讼法》中规定的被告人的一项基本权利，它的行使直接关系到控辩是否平衡、司法是否公正、底线能否坚守。可以说，一个国家对待犯罪人的态度，体现出该国的文明水平；而辩护能否发挥作用，又是这种态度的直接检验。辩护权的行使包括被告人本人行使、委托辩护人行使和国家强制为一些对象行使，具体称为自行辩护、委托辩护和指定辩护三大类。可能判处死刑的案件属于国家应当法律援助强制辩护的范畴，本案即是如此。也就是说，如果张扣扣本人不愿委托辩护人，则国家会安排法律援助机构律师为其辩护。

我国的刑事辩护业务并未做到全覆盖，仍有相当多的刑事案件被告人，并没有辩护人为其辩护。现在不仅要推广刑辩业务的全覆盖，让任何被告人都有获得专业人士法律帮助的机会，还要律师进行实质辩护，切实起到维护当事人权益的作用，这便是有效辩护。有效辩护理论已被我国逐渐接受。

有效辩护，是指律师接受委托或指定担任辩护人后，忠实于委托人的合法权益，尽职尽责地行使各项诉讼权利，及时精准地提出各种有利于委托人的辩护意见，与有权作出裁决结论的专门机关进行了富有意义的协商、抗辩、说服等活动。有效辩护原理来源于英美法系，从“无效辩护”引发，即如果认定行为属于无效辩护，则可以认定属于程序违法，甚至引发发回重审的效果。这一制度设立的初衷在于保障当事人的辩护权，任何人被指控时都应有权利获得实质、尽责的辩护，辩护不是“走过场”，如果辩护权都无法保障，被告人最后的机会就彻底丧失，法律的底线也就攻破了。2013 年，北京市就发生了由于律师辩护工作存在缺陷和过错，而导致一审判决被上级法院作为“无效辩护案件”发回重审，同时法院向司法行政机关、法律援助协会、律师协会以及有关律师事务所发出了司法建议书，建议加强“对律师刑事辩护职业行为的监督规范”的案例。[1]该判决具有进步意义，但是，要认定构成无效辩护，条件要求很严格，根据美国的经验，主要体现为两种情形：①律师辩护行为存在严重缺陷，如律师从来没有进行过刑事辩护业务，当庭与委托人发生辩护观点冲突等；②被告人获得律师帮助的权利受到了法院或者公诉机关的阻碍。除此以外，其他的辩护争议难以构成可导致程序性制裁的无效辩护。上述情况都构成了实质上未行使辩护权的情况，本案显然都不符合。当然，尚不能说我国完整引入了有效辩护制度，根据我国法律规定现状，还有辩护尚未全覆盖、委托人对无效辩护举证困难的现实，无效辩护制裁的引入落实还不现实。

接下来要讨论的是，张扣扣案的这份辩护词到底是否属于有效辩护，这种辩护是否尽职尽责？

辩护词的受众和目的究竟是什么？刑辩律师在庭上竭尽为当事人服务，希望当事人获得无罪或轻缓的判罚，他直接面对的是法官，不是对方公诉人。辩护词不是比拼接受的人数，也不是为了让旁听群众接受，而是为了说服法官。法官是案件的裁判方，依法独立行使审判权，法官不应受外在其他影响，不受行政机关、社会团体、个人干涉判决。对法官裁判有帮助的是法律层面的从轻从重处罚的分析，对任何事实的论证都要有

---

〔1〕 2012年，北京某中级人民法院受理了检察机关提起公诉的被告人谢某强奸、抢劫案以及被告人李某故意伤害案。后来两被告人上诉，二审法院经不开庭审理，均认为“本案在原审人民法院的审判过程中存在违反法律规定的诉讼程序的情形，可能影响到公正审判”，故作出撤销原判、发回重审的裁定。一审法院经过核实，认为上述两起案件被发回重审的直接原因都是辩护律师在开庭前没有按照规定会见被告人，而在李某案件的辩护中，出席庭审的陈姓律师庭后提交的辩护意见不是其当庭发表的辩护意见，而是由未出庭的周律师早先写好的书面辩护意见。案例事实参见陈瑞华：“有效辩护问题的再思考”，载《当代法学》2017年第6期。

明确的法律依据。而演讲词面向公众，希望获得共鸣。演讲效果的好坏，从听众的在场反应和事后反馈可以看出来，听众是否接受、有无支持、声浪高低，事后对演讲内容的评价，都直接决定了演讲的好坏。

在张扣扣案中，有大量被这份辩护词所打动的人，因为该辩护词已经触及了人性中最为柔软又最为珍贵的部分。辩护词的内容涉及面广，对广大读者产生了“共情”效果。张扣扣案的辩护词还反映了不少犯罪产生的深层原因，这对预防未来的犯罪颇有意义。虽然它可能未直接针对刑法中的法定量刑情节，但是这种“找原因”的做法，对于社会大众和法治宣传都是有益的。

有观点认为该辩护词过于煽情，涉及了过多与定罪量刑无关的因素。实际上，这些内容的探究另辟蹊径，有必要。犯罪的生成不都是单因素的，不应让一人承担犯罪的全部罪责。实际上，张扣扣行凶是复杂的多因一果，包含了为母复仇、工作不顺、社会机制等众多因素。分析该案的生产因素，正是希望在责任分配上找突破口，让张扣扣承担起他该承担的部分，而不是让其成为社会矛盾的“替罪羊”。

对该案辩护词的争议，也集中反映出法庭辩论所遵循的思维与犯罪学思维的不同。法庭的裁判思维仍然限定于从事实到规范，而事实的认定又需要依靠完整的证据证明。在事实认定以后，规范的论证选取一板一眼，在已筛选的事实基础上决定定罪量刑。而犯罪学特别重视考察犯罪产生的成因后果，注重犯罪诱发的社会因素。所以，这类探究会呈现出犯罪人的个人成长环境、被害方的责任、世俗环境的影响、民众的观感等各方面内容，个人责任只是其中很小的一部分。这与传统上追究犯罪者的个人责任的观念有一些不符。

个人刑事责任原则在刑法中与团体责任相对，它的进步意义体现在反对株连。行为人对自己的行为负责，因为其意志支配了行动，对其个人归责就是为了抑制其任意，让其施行合规范的理性选择。它的意旨在于自己的行为自己担，不让非行为人承担刑事责任。但是，刑法坚持个人刑事责任不意味着犯罪的产生均完全是一个人的“锅”，不探究事情背后的“真相”，不寻找原因，就会有一个个悲剧继续重演，一个个张扣扣再次出现。

有效辩护的评价可以从行为标准和结果标准两个维度来进行，其中行为标准主要评价辩护律师资质的可靠性和辩护行为的规范性，结果标准主要考察律师辩护的诉讼效果。本案中张扣扣的律师显然符合有效辩护的行为标准，就结果标准看，他选择的不同策略并未削减法规范论证的可能性，至于最终被告人能否获得“满意”的判罚，取决于多种因素，包括司法环境、司法机关是否配合、刑事政策的考量等。由此观之，张扣扣案的辩护词只是侧重角度不同，并非没有为当事人获从宽处罚努力，这是辩护的另一套思路而已。

再来看公诉方。对于故意杀人案件，国家公诉出现的意义就在于国家统一进行追诉，而不允许私人了断。犯罪行为不仅会损害个人的人身权、财产权，还损害了社会关系，破坏了国家安定。从同态复仇到国家统一裁判标准，这是人类进步的体现。公诉的目标是诉的成功，既然选择了以故意杀人罪起诉，就要紧紧围绕着该罪的犯罪构成及各种构罪情节进行，与此无关的法外事由不在诉的考虑之内。公诉意见是国家机关的整体意见代表，要求冷静沉稳。因此，总体上看，虽然风格差异很大，但本案的公诉意见和辩护词都站在本方立场，正确履行了各自职责。公诉意见选择回避为母报仇这一原因，有说理不够充分之嫌；辩护词过于感性复杂，不利于法官集中焦点。当然，就辩护人邓律师所说，网上传的这篇辩护词是他专门发布并书面提交给法庭的，在法庭上发表的主要还是围绕法律争点进行分析，这就做到了综合兼顾。

三、本案带来的启示

就张扣扣案而言，它本身就反映了极其强烈的法律与人情、复仇与犯罪等冲突与矛盾关系。法律是人们的行为规范，在人情与法律发生冲突时，必须坚持法律原则，任何人不得以任何借口突破法律的防线。

该案之所以广受社会关注，除了当今信息网络传播的能力远远超越传统信息传播能力外，关键涉及我国传统法文化中存在“为父母复仇合理合法”的伦理道德因素。如《周礼》规定，为父母报仇不承担刑事责任。但是这种血亲复仇的制度和传统，显然与现代文明的法律制度格格不入。无论个人有多么充足的理由，也不能以复仇的名义将他人（哪怕是一个恶魔）擅自处死！

在现在，民间尚存“杀父母之仇，不共戴天”的传统。该传统所依托的是血缘间的基本伦理，建立在长辈对晚辈的控制基础上。而现代法治所推崇的，是平等、个人负责，是非曲直都要弄明白，法律与道德明确界分。即便是民间传统，也不能随意违背法律的界限。如果以伦理为理由，就随便剥夺人的生命，那么，每个人的生命自由都无法保障，整个社会便会陷入没有规则的恐慌之中。

围绕本案的司法判决，社会舆论存在不同意见。对于不同意见，应该允许存在。但是，应当教育和引导民众认识本案的客观真实情况，了解国家刑法规定及其适用原则。从表面上看，张扣扣所谓为母复仇的行为似乎有令人同情之处，但由于他极其严重地违反了刑法禁止性规范，故其必须依法承担自己行为招致的法律后果。媒体报道案件应当客观全面，肩负起社会责任，在传播法治的过程中全面准确，不应刻意渲染非法治的内容。

张扣扣案集中反映了民众朴素的价值观与现代法治观念之间的冲突。普通民众总是信奉“先撩者”负责的理念，似乎认为只要引起事端发生的，就应当为所有结果负责，似乎对方怎么反击自己都是对的。而实际上，家有家规、国有国法，国家已经对违法犯罪行为作出反应，又怎能允许私人再行复仇呢？一次侵害做出一次反击，这才不会让惩罚过度，形成新的不法。何况，罚当其罪，本来也应深入大众心中，而现实却是，只要倾向于严罚的，大众就都支持，丝毫不顾及行为本身的危害性差异。

网络声音往往夹杂着短视、情绪化、负面性，它是一定时期内社会环境事件的整体反映，不完全是理性的。这次的网络声浪就与网民们普遍关注的未成年犯罪形势相关。网络氛围下的未成年人犯罪严重、多发、残忍，未成年犯罪人受到法律的“保护”而逍遥法外，由此应当对未成年人犯罪严厉打击处理。但这种秉持严罚的刻板理念，且不以客观真实为依据，本身就蕴含着情绪。

张扣扣的母亲被害是一个悲剧，案发时被告人只是未成年人，年 16 岁。未成年人不得判处死刑，是国际通行的原则，也是我国刑法的刚性原则。这就意味着，对未成年人，无论如何都不适用死刑制度。张扣扣因为工作生活不顺，加之母亲遇害案的影响，自私地要实施所谓“复仇”，丝毫不顾及法律的规定，以个人的好恶损害他人的生命，破坏早已恢复稳定的社会关系，其造成的社会危害性更大。如果每个公民都如此任性，都以自己的“家法”甚至情绪决定心中的“正义”，认为不符合自己的就是不对的，那社会还怎样存在，秩序还怎样维护？社会之所以需要规范，就在于通过一个共同的准则，让每个成员明确自己行为可为的界限。当然，对未成年人的心理疏导、社会帮扶工作非常必要，如果张扣扣少年时期能得到这些帮助，后面的悲剧有可能就不会发生。这再次提醒我们，纠纷处理工作必须细之又细，社会关系的恢复不仅是涉及司法的系统工程，更需要用制度来温暖人心。

【法条链接】

《刑法》

第四十八条 死刑只适用于罪行极其严重的犯罪分子。对于应当判处死刑的犯罪分子，如果不是必须立即执行的，可以判处死刑同时宣告缓期二年执行。

死刑除依法由最高人民法院判决的以外，都应当报请最高人民法院核准。死刑缓期执行的，可以由高级人民法院判决或者核准。

第四十九条 犯罪的时候不满十八周岁的人和审判的时候怀孕的妇女，不适用死刑。

审判的时候已满七十五周岁的人，不适用死刑，但以特别残忍手段致人死亡的除外。

第二百三十二条 故意杀人的，处死刑、无期徒刑或者十年以上有期徒刑；情节较轻的，处三年以上十年以下有期徒刑。

第二百三十四条 故意伤害他人身体的，处三年以下有期徒刑、拘役或者管制。

犯前款罪，致人重伤的，处三年以上十年以下有期徒刑；

致人死亡或者以特别残忍手段致人重伤造成严重残疾的，处十年以上有期徒刑、无期徒刑或者死刑。本法另有规定的，依照规定。

《刑事诉讼法》

第三十三条 犯罪嫌疑人、被告人除自己行使辩护权以外，还可以委托一至二人作为辩护人。下列的人可以被委托为辩护人：

（一）律师；

（二）人民团体或者犯罪嫌疑人、被告人所在单位推荐的人；

（三）犯罪嫌疑人、被告人的监护人、亲友。

正在被执行刑罚或者依法被剥夺、限制人身自由的人，不得担任辩护人。

被开除公职和被吊销律师、公证员执业证书的人，不得担任辩护人，但系犯罪嫌疑人、被告人的监护人、近亲属的除外。

第三十七条 辩护人的责任是根据事实和法律，提出犯罪嫌疑人、被告人无罪、罪轻或者减轻、免除其刑事责任的材料和意见，维护犯罪嫌疑人、被告人的诉讼权利和其他合法权益。

盗领微信群“专属红包”案[1]

【案情介绍】

微信群的建立，不仅便利了社交，还方便了朋友间互发红包、工作上相互转账。这一便捷的设计也使得部分人“钻了空子”，一些财产犯罪得以在微信群上简便实施。

在新冠肺炎疫情期间，就有这样的案件。某地师生组织抗疫捐款活动，通过群成员在微信朋友圈发出群二维码的方式，吸引以学生为主体的社会爱心人士进群，并通过群红包的方式筹集部分善款。在这一过程中，不法分子借口参与抗疫捐款活动进入群聊，在盗领他人发的“专属红包”后退出群聊，据相关负责人员核实，盗领的红包数额近千元。

【法理分析】

随着无现金社会的进一步推进，微信支付占据移动支付领域的半壁江山，对于近 11 亿活跃于微信平台的用户而言[2]，先前引爆热潮的微信红包，也早已成为生活中习以为常的那一

---

〔1〕 本案例评析部分由我与外交学院国际法系 2018 级学生傅哲玮合作完成，在此表示感谢。

〔2〕 参见“2019 微信年度数据报告”，载 https://new.qq.com/omn/20200112/20200112A0KPUD00，2020 年 7 月 21 日访问。

抹红色，在微信支付、银行转账难以触及的角落，裹挟着前者所不具有的人情味、烟火气，将或大或小数额的款项抛向屏幕的另一端。尽管微信红包更多地被当作节日的余兴，但不可否认的是，在小额转账、具体筹款等过程中，微信红包仍然发挥着重要的作用，而在这一过程中，先到先得的微信红包往往具有了明确的领取对象，成为指定领取人的“专属红包”。探求此类红包的使用场景不难发现，通过微信群红包转账、收款的现象大多发生在特定的微信群组中，即成员相对稳定、彼此熟悉的环境下，虽然误领红包的现象时有发生，但大多是无心之失；而在疫情期间，大量爱心人士通过微信群筹集善款，奉献爱心，这也给了不法分子可乘之机，使得冒充捐款者进群，盗领具有明确受领人的抗疫善款红包的行为大量发生。在现实生活中，便出现了行为人盗领群友爱心捐款红包，随后立即退群的案件发生。

这让笔者不禁思考，在通常情况下，现行法律应当如何规制行为人盗领“专属红包”的行为；而在《关于依法惩治妨害新型冠状病毒感染肺炎疫情防控违法犯罪的意见》（最高人民法院、最高人民检察院、公安部、司法部 2020 年 2 月 6 日发布，以下简称《意见》）强调依法及时、从严惩治妨害疫情防控的各类违法犯罪的刑事政策背景下，刑法又应当对前述行为作出何种规制与调整。

一、对盗领微信群“专属红包”行为的民法路径分析

盗领微信群红包的行为在生活中很常见，信息化时代的社交软件在给人们带来便利的同时，也给了一些人以可乘之机。这一行为看似简单，不过数秒就能完成，在民法领域却存在复杂的法律关系，涉及点击人、红包发出人、群主、软件公司、银行各方，需要专门分析。

（一）盗领微信群“专属红包”的行为界定

事实上，伴随着庞大的用户群体，近年来，关于微信红包的违法犯罪行为层出不穷，以微信红包为载体的洗钱、非法集资、诈骗、盗窃等成为刑法学界关注的对象。而笔者所讨论的，是有关微信红包盗窃犯罪中的盗领行为，相较于破解支付密码、私自发送红包的一般盗窃行为，其对象限定为具有明确受领人的“专属红包”，具体表现为行为人在微信群中以非法占有的目的领取有明确受领人的红包，或者误领有明确受领人的红包后出于非法占有的目的而拒不返还的情形。

（二）盗领微信群“专属红包”问题的民事法律关系

在讨论盗领微信群“专属红包”的问题之前，我们首先需要了解微信群红包的运作机制。用户可以使用微信零钱或者直接使用已绑定银行卡中的款项发出红包，而该红包在发出后，该款项进入财付通中间账户，并等待群友接收，此时，群内的任何成员都能够对该红包进行领取，群友领取红包后，红包款项自动计入用户的微信钱包的“零钱”之中，而在 24 小时内，红包未被领完的，其余额退还至用户的微信“零钱”之中。我们不难发现，在由微信红包所引起的资金流转中，微信“零钱”发挥了重要的过渡作用，而这一服务由财付通公司提供。根据用户与财付通公司签订的服务协议，“零钱”具体表现为用户委托财付通公司保管的、所有权归属于用户的预付价值。用户虽然拥有该预付价值对应的货币资金的所有权，但该款项不以用户本人名义，而是以财付通公司名义存放在银行，并且由财付通公司向银行发起资金调拨指令。[1]同时需要注意的是，根据用户与财付通公司之间关于交易纠纷处理的相关约定，财付通

---

〔1〕 参见《微信支付用户服务协议》第 1.6 条。

公司仅为用户提供货币资金转移服务，非其系统故障所引起的主体间纠纷，由用户自行负责处理。[1]归结而言，用户在发出微信红包后，该笔款项进入财付通公司的账户，此时用户尚未失去对红包内的债权以及其所对应的货币资金的所有权。而在群友领取红包后，该款项进入该用户的微信“零钱”之中，虽然在严格意义上，该款项仍存在于财付通公司的账户中，但在整个过程中，财付通公司与用户之间仅存在占有辅助关系，故而一旦微信红包被盗领，发出人的占有及所有被盗领人所取代。[2]也就是说，点击领取红包的行为就完成了占有转移过程。而这一纠纷，应当由用户自行解决。

事实上，基于微信群红包本身“先到先得”的特性，在通常情况下，选择以红包的方式向群聊中的特定用户转移货币资金，大多发生在群成员彼此熟悉，存在亲情、友情或工作关系的背景下，如用户在家族群中向过生日的亲友发红包庆贺、学生在班级群中发红包支付学杂费等。因而在日常生活中，盗领“专属红包”的情形，大多发生在较为稳定的微信群组中，发生在彼此相对熟悉的主体之间，在多数情况下，行为人并非以盗窃的故意进入群聊，而是在面对“先到先得”的红包时临时起意，将其据为己有，其盗领行为大多缺乏预谋，主观恶性相对较低，当然也存在没看清误点领取的情况。可见，盗领行为有主观上故意的盗领与过失误领之别。且由于微信红包的金额上限为人民币 200 元，各用户发出红包的时间存在差异，且盗领人只能在受领人领取其“专属红包”之前，利用微信红包先到

---

〔1〕 参见《财付通服务协议》第 2.1 条；同见《微信支付用户服务协议》第 3.5 条。

〔2〕 参见张欢：“‘盗抢’微信红包的刑法分析”，载《海南广播电视大学学报》2020 年第 1 期。

先得的机制盗领红包，因而在大多数情况下，盗领红包涉及的金额总数较小，难以达到盗窃罪的既遂标准。同时，出于维系人际关系与个人形象的需要，盗领人往往在事后能够认识错误，退还盗领红包款项，获得群成员的谅解并重新被群体所接纳，而微信群作为一个相对熟悉与封闭的空间，对社会的危害本身相对有限，在通过协商解决的情况下，盗领微信红包的行为应当被认为是不当得利的侵权行为或者可撤销的民事行为。受害人有不当得利返还请求权，“错误产生撤销权”。〔1〕如果坚持不还，可以通过民事途径索要。这种处理方法，也有助于鼓励盗领人积极退还，维系已有的社会关系的和谐稳定。

基于上述特征，我们不难发现，既然在多数情况下，刑法都不能也无须以盗窃罪实现对盗领“专属红包”行为的有效规制，那么对于这一互联网背景下的刑民边界问题，我们有必要充分发挥刑法的谦抑性，更多地从民法角度实现对这一行为的适当处理。在民法层面，赠与人通过发送微信红包发出要约，群成员以拆开红包的形式作出承诺，受赠人确定，赠与合同成立，债权以及其对应的货币资金所有权的移转也即告完成。因而可以认为，在微信红包发出而等待领取的过程中，发出人仍然保持着对债权的享有以及其对应货币资金的所有。事实上，发送微信红包，相当于以默示方式接受了微信红包的领取机制，即通过“先到先得”的机制确定受赠人，赠与合同成立生效并完成交付。但是这一规范显然不具有效力上的强行性。而作为意思自治原则在合同法领域的体现，合同自由原则表现在当事人的合意具有优先于合同法任意性规范而适用的效力。〔2〕这意味着当事人可以通过事前约定、注明等能够为他人所知悉的方

〔1〕 参见朱庆育：《民法总论》，北京大学出版社2013年版，第270页。

〔2〕 王利明等：《民法学》，法律出版社2017年版，第566页。

式，明确红包的受领人，并以此排除微信红包的“先到先得”机制的拘束作用。接下来，需要明确的是，“专属红包”的发出是否标志着处分行为的完成与债权的移转。对此，笔者认为，基于微信红包 24 小时无人领取自动退回的规则，如果贸然将“专属红包”的发出视作处分行为的完成，那么当约定的受领人在逾期未领取红包时，债权将因红包领取机制再次发生移转，而这一过程显然缺乏必要的权利基础，缺乏处分权与当事人的内心真意。因而可以认定，在“专属红包”的待领取阶段，发出人仍实际拥有红包对应款项的债权。因而行为人的盗领行为侵害了发出人的债权，发出人依法享有不当得利返还请求权，可以通过协商、民事调解与民事诉讼的方式获得救济。

二、疫情背景下对盗领微信群抗疫“专属红包”的刑法分析

2020 年初，新型冠状病毒引发肺炎疫情，在这一突发性公共卫生事件的背景之下，社会的正常秩序与有效治理受到挑战，危害防控秩序的犯罪行为大量发生。为了维护社会秩序，打击可能出现的相关违法犯罪行为，2020 年 2 月 6 日，最高人民法院、最高人民检察院、公安部、司法部联合发布了《意见》，强调依法及时、从严惩治妨害疫情防控的各类违法犯罪，为坚决打赢疫情防控阻击战提供有力法治保障。应对此类突发性公共卫生事件，刑事政策既要遵循罪刑法定原则、刑法适用平等原则、罪责刑相适应原则，也要遵循特殊时期的特殊原则，即在充分保障人权的基础上，坚持宽严相济的刑事政策，对于犯罪行为依法从重、从快处理。〔1〕《意见》所体现出的，新冠肺炎

〔1〕 参见罗猛、田坤：“应对突发性公共卫生事件的刑事政策思考”，载《预防青少年犯罪研究》2020 年第 2 期。

疫情期间的刑事政策，成为我们讨论盗领抗疫善款“专属红包”行为的重要背景。

疫情暴发初期，新冠肺炎造成了人员感染、伤亡，对武汉等多地的医疗系统、经济社会运行造成巨大压力，许多地区陷入医疗等相关物资高度紧张，人员严重不足的困境。在抗击疫情的过程中，广大同胞充分发挥“一方有难，八方支援”的集体主义精神，从各平台、各渠道进行捐款捐物，其中，通过组建微信群聊，自发筹集抗疫善款的组织与个人不在少数。他们大多通过成员间的人际网组建微信群聊开展筹款活动，时常由于非微信好友间转账的不便，选择在微信群内以发送红包并由指定受领人统一接受的形式进行捐款。在这一过程中，一些不法分子以非法占有的目的进入筹款群聊，并在盗领群内“专属红包”后立即退出。相较于一般盗领行为，这种行为极大地打击了群众的抗疫热情，不仅对受害人造成了实际的财产损失，妨害了抗疫善款的筹集与疫情防控的正常开展，也造成了相当恶劣的社会影响。我们不难发现，相较于一般的盗领行为，盗领抗疫善款“专属红包”的行为往往具有明显的预谋，且在行为与对象性质上反映出较大的主观恶性。同时，该行为往往难以通过熟人间的内部协商解决，回旋余地极为有限，社会危害性更为显著。疫情属于非常时期，自然应有非常之策，基于突发性公共卫生事件下从严从重的刑事政策背景，出于保护群众抗疫热情，从严打击违法犯罪行为与保障来自社会的抗疫款物的需要，有必要利用刑法对盗领微信群抗疫善款红包的行为进行规制。

以身边发生的真实案件为例，在疫情艰难时期，某地师生组织抗疫捐款活动，通过群成员在微信朋友圈发出群二维码的方式，吸引以学生为主体的社会爱心人士进群，并通过群红包的方式筹集部分善款。在这一过程中，不法分子借口参与抗疫捐款活动进入群聊，在盗领“专属红包”后退出群聊，据相关负责人员核实，盗领的红包数额近千元。刑法上认定盗领微信红包行为的性质，其关键在于对盗窃、侵占与抢夺的区分，这需要我们明确盗领微信“专属红包”行为的犯罪对象。在上文民法层面的分析中就已提到，微信红包内的金额体现为银行对财付通公司的债务，以及相应的，财付通公司对发出人的债务，本质上属于《刑法》所保护的财产性利益。关于盗窃罪的对象是否包括财产性利益，则一直存在争议。我国《刑法》在侵犯财产罪部分大多采用简单罪状，没有明确表明除财产外的财产性利益是否是该类犯罪的对象。即便支持侵犯财产罪的对象可以包括财产性利益的学者，也有否认盗窃罪的对象可以包含财产性利益的。因为盗窃罪的表现形式是破坏他人的占有、建立新占有，在这个过程中，财物对象具有可转移性，占有的转换较为明显，而财产性利益的转移不具有这样的及时性。德日刑法大多通过专有罪名来规制盗窃财产性利益的行为，他们在狭义上使用财物的概念，并将盗窃罪的对象仅限于财物（即狭义的财物)，而不包含财产性利益。〔1〕他们的刑法中规定有利用计算机诈骗罪，该罪的实质是盗窃利益，可以将盗窃利益的行为纳入进去，这样也就可以将这类行为排除在盗窃罪的范围之外。〔2〕

将财产性利益纳入我国《刑法》盗窃罪的对象范围，是体系解释的要求、才能堵塞处罚漏洞。首先，诈骗罪、抢夺罪的对象都包含财产性利益，这些犯罪也没有在立法中明确表示其对象范围。盗窃罪与这些犯罪都属于侵犯财产罪，对财产性利

---

〔1〕 刘明祥：《财产罪专论》，中国人民大学出版社 2019 年版，第 109 页。

〔2〕 参见张明楷：“论盗窃财产性利益”，载《中外法学》2016 年第 6 期。

益的其他侵犯可以被规制，以平和手段转移财产性利益的占有的盗窃行为更应当被规制。其次，盗窃罪的对象不都是有形的财物，水电气、电信码号都是盗窃罪的对象，这是立法和司法解释明确的。财产性利益可以还原为财产，同样值得刑法保护，与上述对象有共通性。盗窃电信服务获取的就是一种财产性利益。再次，我国刑法立法中就未出现财产性利益的表达，通说都认为，从广义上使用财物概念，作为诈骗罪、敲诈勒索罪对象的“财物”是包含财产性利益的。〔1〕也就是说，将财产性利益作为盗窃罪的对象，符合通常的理解，并未超出普通民众的预期可能。更不用说，在互联网多媒体技术、移动支付流行的当下，侵犯财产性利益的行为变得更加简单普遍，应当被规制。所以，笔者赞成盗窃罪的对象包含财产性利益。

如前所述，微信红包“先到先得”的机制，使得所有群成员在客观上都能够对其进行领取，此时，红包内的财产性利益不处在被害人的紧密占有之中，盗领行为本身难以被评价为对物暴力的强夺行为，因而不应被认定为抢夺行为。〔2〕同时，基于“专属红包”排除“先到先得”机制的效力，参照先前关于待领取红包债权归属的论述，可以认为，只有在指定受领人领取红包时，债权的移转才告完成，因而在红包具有明确受领人的情形下，捐款人发出红包后，仍视为其占有红包中的款项，行为人通过点击领取行为取得了对被害人债权的实际控制，其行为应当被认定为盗窃财产性利益的情形，且已经既遂。

至于这类行为为何不构成侵占罪，是因为侵占罪的本质是

〔1〕高铭暄、马克昌主编：《刑法学》，中国法制出版社 2007 年版，第 602 页、615 页。

〔2〕参见张明楷：《刑法学》（第 5 版），法律出版社 2016 年版，第 998 页。

变自己合法占有为非法所有，前提是行为时财物是归行为人占有的。而捐款人发出微信红包时，只要没有他人领取，该财产性利益仍推定为捐款人占有，不存在行为人占有的问题；该红包虽然处于一个开放群中，看似任何群成员都可以领取，但实际上该专属红包有明确指向，不属于无主物，不符合侵占罪的特征。

不可否认，在多数情况下，盗领微信群内“专属红包”行为的涉案数额相对较小，这对利用刑法规制此类行为增加了难度。最高人民法院、最高人民检察院《关于办理盗窃刑事案件适用法律若干问题的解释》第 1 条规定，盗窃公私财物价值 1000 元至 3000 元以上、30 000 元至 100 000 元以上、300 000 万元至 500 000 万元以上的，应当分别认定为《刑法》第 264 条规定的“数额较大”“数额巨大”“数额特别巨大”。根据此规定，一般的一次性盗窃微信红包的行为，由于平台本身的设置限制，尚不构成盗窃罪。

该解释第 2 条规定：“盗窃公私财物，具有下列情形之一的，‘数额较大’的标准可以按照前条规定标准的百分之五十确定：(一) 曾因盗窃受过刑事处罚的；(二) 一年内曾因盗窃受过行政处罚的；(三) 组织、控制未成年人盗窃的；(四) 自然灾害、事故灾害、社会安全事件等突发事件期间，在事件发生地盗窃的；(五) 盗窃残疾人、孤寡老人、丧失劳动能力人的财物的；(六) 在医院盗窃病人或者其亲友财物的；(七) 盗窃救灾、抢险、防汛、优抚、扶贫、移民、救济款物的；(八) 因盗窃造成严重后果的。”该条规定是对一些特定情况的盗窃行为及针对特定对象的盗窃的专门规定，综合考虑这些行为的社会危害性，只有降低数额的认定，才能做到罚当其罪。

新冠肺炎疫情是重大公共卫生事件，在疫情期间，即便是自发组织的线上捐款，也属于特事特办，该笔款项的使用也要与其明确的目的相符。盗领这类款项，会极大影响组织者的工作效果和热情，侵犯他人的财产。新冠肺炎疫情影响到全国甚至全球，网络空间没有边界，网络筹款又专用于疫情救济及医疗物资采购，将盗领专属红包可以解释为“自然灾害、事故灾害、社会安全事件等突发事件期间，在事件发生地盗窃的”，降低数额入罪标准，纳入刑法规制范围，符合特殊时期刑事政策的要求。

当然，这里的问题涉及司法解释与立法规定的紧张关系如何协调的问题。对于普通的盗窃罪，立法规定的入罪标准就是“数额较大”，没允许在数额较大以下另定数额。司法解释突破了这一规定，实际上设定了“数额+情节”综合考虑的立法模式，这就相当于司法解释直接进行了新立法。现实司法实务实际上都依赖于司法解释，如此明确的司法解释固然给实务带来了便利，但的确存在着违反罪刑法定原则之嫌。比较务实的做法是，司法机关办案仍应遵循司法解释，存在的法律漏洞留待修法时解决。

为了进一步贯彻《意见》指导下的刑事政策，打击疫情期间相关违法犯罪行为，保障广大热心群众投身抗疫的热情与积极性，在疫情期间，针对盗领微信群抗疫善款红包这一特定行为，各地可以结合司法解释，综合判断盗窃行为的严重性。事实上，盗窃等侵犯财产罪也并非单纯以数额作为定罪量刑的标准，刑法也明文规定了“情节严重”与“情节特别严重”的情形。在许多场合，即使不适用计算数额，也可以按情节处理。〔1〕例如，在司法实践中，对于盗窃毒品的案件，就不计算数额，而是直

---

〔1〕 张明楷：“论盗窃财产性利益”，载《中外法学》2016年第6期。

接按情节处理。[1]在疫情期间，处理盗领微信群抗疫善款红包的行为，也可以参考与借鉴上述逻辑，具体而言，对于存在明确的犯罪预谋、以盗窃的故意进入群聊、盗领捐款红包后拒绝返还、立即退出群聊等主观恶性较为显著，社会影响较为恶劣的行为，符合情节严重情形的，即使数额尚未达到一般盗窃罪既遂标准的情形，也应当受到刑法的谴责，并在量刑上给予相应的处理。

结　语

在一般情况下，利用民事途径解决盗领微信群“专属红包”的行为，在体现刑法谦抑性的同时，较好地贴合了这一行为日常相对少见、主观恶性有限与数额相对较低的特征，在维护既有人际关系，及时追回财物并取得谅解上具有明显的优势。但在疫情期间，广大群众的抗疫热情催生了大量利用社交平台筹措善款的行为，“专属红包”的运用也大大地跳出了以往较为稳定、熟悉、信任的群环境，这使得盗领的现象显著增加。为了贯彻《意见》所明确的，突发性公共卫生事件下从严从速的刑事政策，有必要利用刑法对疫情期间盗领微信群抗疫善款“专属红包”的行为进行规制，并就既遂数额、量刑标准等问题进行解释适用，扩大对此类行为的打击范围与力度，以期充分保护人民财产与抗疫热情，保障爱心款物的有效筹措与及时支援，维护疫情期间社会环境的有序稳定。

---

〔1〕 最高人民法院、最高人民检察院《关于办理盗窃刑事案件适用法律若干问题的解释》第1条第4款规定：“盗窃毒品等违禁品，应当按照盗窃罪处理的，根据情节轻重量刑。”盗窃毒品等违禁品虽然无法估价，但盗窃行为的性质没有变化，仍然成立盗窃罪。在盗领微信群抗疫善款“专属红包”时，也可借鉴这种处理方法。

【法条链接】

《刑法》

第二百六十四条 盗窃公私财物，数额较大的，或者多次盗窃、入户盗窃、携带凶器盗窃、扒窃的，处三年以下有期徒刑、拘役或者管制，并处或者单处罚金；数额巨大或者有其他严重情节的，处三年以上十年以下有期徒刑，并处罚金；数额特别巨大或者有其他特别严重情节的，处十年以上有期徒刑或者无期徒刑，并处罚金或者没收财产。

第二百六十五条 以牟利为目的，盗接他人通信线路、复制他人电信码号或者明知是盗接、复制的电信设备、设施而使用的，依照本法第二百六十四条的规定定罪处罚。

第二百六十六条 诈骗公私财物，数额较大的，处三年以下有期徒刑、拘役或者管制，并处或者单处罚金；数额巨大或者有其他严重情节的，处三年以上十年以下有期徒刑，并处罚金；数额特别巨大或者有其他特别严重情节的，处十年以上有期徒刑或者无期徒刑，并处罚金或者没收财产。本法另有规定的，依照规定。

第二百六十七条 抢夺公私财物，数额较大的，或者多次抢夺的，处三年以下有期徒刑、拘役或者管制，并处或者单处罚金；数额巨大或者有其他严重情节的，处三年以上十年以下有期徒刑，并处罚金；数额特别巨大或者有其他特别严重情节的，处十年以上有期徒刑或者无期徒刑，并处罚金或者没收财产。

携带凶器抢夺的，依照本法第二百六十三条的规定定罪处罚。

最高人民法院、最高人民检察院、公安部、司法部《关于依法惩治妨害新型冠状病毒感染肺炎疫情防控违法犯罪的意见》

一、提高政治站位，充分认识疫情防控时期维护社会大局稳定的重大意义

各级人民法院、人民检察院、公安机关、司法行政机关要切实把思想和行动统一到习近平总书记关于新型冠状病毒感染肺炎疫情防控工作的系列重要指示精神上来，坚决贯彻落实党中央决策部署、中央应对新型冠状病毒感染肺炎疫情工作领导小组工作安排，按照中央政法委要求，增强“四个意识”、坚定“四个自信”、做到“两个维护”，始终将人民群众的生命安全和身体健康放在第一位，坚决把疫情防控作为当前压倒一切的头等大事来抓，用足用好法律规定，依法及时、从严惩治妨害疫情防控的各类违法犯罪，为坚决打赢疫情防控阻击战提供有力法治保障。

最高人民法院、最高人民检察院《关于办理盗窃刑事案件适用法律若干问题的解释》

第一条 盗窃公私财物价值一千元至三千元以上、三万元至十万元以上、三十万元至五十万元以上的，应当分别认定为刑法第二百六十四条规定的“数额较大”、“数额巨大”、“数额特别巨大”。

各省、自治区、直辖市高级人民法院、人民检察院可以根据本地区经济发展状况，并考虑社会治安状况，在前款规定的数额幅度内，确定本地区执行的具体数额标准，报最高人民法院、最高人民检察院批准。

在跨地区运行的公共交通工具上盗窃，盗窃地点无法查证的，盗窃数额是否达到“数额较大”、“数额巨大”、“数额特别巨大”，应当根据受理案件所在地省、自治区、直辖市高级人民

法院、人民检察院确定的有关数额标准认定。

盗窃毒品等违禁品，应当按照盗窃罪处理的，根据情节轻重量刑。

第二条 盗窃公私财物，具有下列情形之一的，“数额较大”的标准可以按照前条规定标准的百分之五十确定：

（一）曾因盗窃受过刑事处罚的；

（二）一年内曾因盗窃受过行政处罚的；

（三）组织、控制未成年人盗窃的；

（四）自然灾害、事故灾害、社会安全事件等突发事件期间，在事件发生地盗窃的；

（五）盗窃残疾人、孤寡老人、丧失劳动能力人的财物的；

（六）在医院盗窃病人或者其亲友财物的；

（七）盗窃救灾、抢险、防汛、优抚、扶贫、移民、救济款物的；

（八）因盗窃造成严重后果的。